leykam: *seit 1585*

LUKAS WAGNER

Unsere Kinder in der digitalen Welt

Potenzial statt Panik

leykam: SACHBUCH

Copyright © Leykam Buchverlagsgesellschaft m.b.H. Nfg. & Co. KG,
Graz – Wien 2020

Kein Teil des Werkes darf in irgendeiner Form
(durch Fotografie, Mikrofilm oder ein anderes Verfahren)
ohne schriftliche Genehmigung des Verlages reproduziert
oder unter Verwendung elektronischer Systeme verarbeitet,
vervielfältigt oder verbreitet werden.
Coverillustrationen: Designed by Freepik, pikisuperstar / Freepik
und upklyak / Freepik
Cover und Satz: Annalena Weber, Hamburg
Druck: Medienfabrik Graz
Gesamtherstellung: Leykam Buchverlag

ISBN 978-3-7011-8167-4

www.leykamverlag.at

Vorwort

In meiner täglichen Arbeit als Psychotherapeut und Medienpädagoge bin ich immer wieder mit den unterschiedlichsten Fragen in Bezug auf Smartphone und Co konfrontiert. Wie viel ist zu viel? Was ist gefährlich? Wie kann ich mein Kind unterstützen? In der Rolle als Experte ist es meine Aufgabe, bei diesen Fragen zu helfen und Familien zu unterstützen. In meiner Rolle als Vater stehe ich plötzlich auf der anderen Seite. Auch meine Tochter ist fasziniert von Laptop und Tablet und hat schon früh ein eigenes Wort für Computer entwickelt. Sie weiß, dass sie mit diesen Geräten Kontakt mit den Großeltern aufnehmen kann, auch wenn diese gerade nicht da sind. Wir können Fotos und Videos anschauen und gemeinsam Musik hören. Plötzlich bin ich nicht Medienexperte, sondern ein Vater, der das eigene Kind begleitet, gelegentlich nachsichtig ist und doch auch immer wieder auf Regeln und Grenzen besteht.

Wie kann es uns gelingen, Kinder in eine digitalisierte Welt zu begleiten? Eine Welt, in der Smartphone, Bildschirm und Internet allgegenwärtig sind? Digitaler Kindergarten, E-Learning, Tabletklassen und digitale Kompetenzen sind Wörter, die in unseren Sprachgebrauch eingezogen sind. In den letzten Jahren ist meine Arbeit zunehmend komplexer geworden. Ich spreche mit anderen Pädagoginnen und Pädagogen, mit Kinderpsychiaterinnen und Kinderpsychiatern und beobachte so gut wie möglich die globale Medien- und Technologieszene. Am wichtigsten für mich aber: In Workshops und Therapie arbeite ich täglich mit Kindern und Jugendlichen und lasse mir von ihnen im wahrsten Sinne des Wortes »die Welt erklären«. So kann ich Lernender bleiben, kritisch hinterfragen und unterstützen, wo es Probleme gibt.

Dieses Buch ist die Sammlung meiner Erfahrungen der letzten Jahre. Es basiert auf hunderten Vorträgen, Workshops, Gesprächen mit Familien und Therapiestunden, auf Expertengesprächen und Beobachtungen – und auf den Erfahrungen, die ich selbst als Vater gemacht habe. Mein Ziel ist es, Eltern und Familien etwas in die Hand zu geben, was Licht in den digitalen Dschungel bringt. Ein Buch, das sowohl kritisch hinterfragt als auch konkrete Anleitungen und Ideen liefert. Ich bin mir sicher, dass wir es als Gesellschaft, als Familien und als Eltern gemeinsam schaffen, gute Rahmenbedingungen für Kinder und Jugendliche im digitalen Raum zu schaffen, damit diese sich entfalten und ihr Potenzial verwirklichen können. Dabei sehe ich uns als Wegbegleiter und Unterstützer, kritisch hinterfragend und gleichzeitig immer dabei, Orientierung zu geben. Unsere Kinder sind immer ihre eigenen Wege gegangen. Die digitale Welt ist auf diesem Weg nur eine weitere Abzweigung.

Willkommen in der digitalen Welt der Kinder

»Das einzige Gerät, das sie jemals brauchen werden.« So könnten Smartphones beworben werden. Apple brachte 2007 das erste iPhone auf den Markt. In keiner Form war absehbar, was dies für die Welt bedeuten würde. Das Smartphone war als Technologie in erster Linie für den Arbeits- und Businessbereich gedacht. Es sollte Telefon, E-Mail, Kalender, Musikplayer und Internetbrowser in einem Gerät vereinen. Durch die sinkenden Preise und die zahlreichen Möglichkeiten dieser Technologie erwarben immer mehr Menschen ein Smartphone. Im Zuge dieser Verbreitung sickerten Smartphones vom High-End-Bereich zunehmend in den Alltag von Erwachsenen. Ab 2010 verbreiteten sich die digitalen Alleskönner unter Jugendlichen, ab 2015 dann zunehmend auch unter Kindern. Die Entwicklung passierte quasi von »null auf hundert«: 2019 besaßen bereits 95 Prozent der 11- bis 13-Jährigen in Österreich und Deutschland ein Smartphone (OÖ Kinder- und Jugendmedienstudie und Bitkom Research Deutschland), in der Gruppe der 8-bis 9-Jährigen immerhin 33 Prozent.

Kinder, die nach 2007 geboren sind, haben eine Welt ohne ständige mobile Vernetzung niemals erlebt. Während die heutige Großelterngeneration von Vierteltelefonen erzählt (wo man immer hoffen musste, dass die Nachbarn nicht gerade telefonierten) oder von einer Zeit, in der es nicht rund um die Uhr unterschiedlichstes Fernsehprogramm gab, müssen wir der neuen Generation von einer Zeit berichten, in der nicht jede Information jederzeit auf Knopfdruck verfügbar war. Wir erzählen von einer Zeit, in der nicht jeder immer sofort erreichbar war und in der es vielleicht noch gar keine Mobiltelefone gab. Damals (also vor 2007), als Google Maps als Navigationssystem nicht auf jedem Smartphone verfügbar war. Oder damals, als es eigene Geräte zum Musikhören gab. Der Walkman, der Discman und der MP3-Player sind ganze Gerätetypen, die durch das Smartphone nahtlos ersetzt wurden.

Von Eltern wird ein pädagogisch sicheres Handeln mit Technologien erwartet, die sie selbst vielleicht nie hatten, und in digitalen Lebenswelten, die sie nicht verstehen oder noch nicht kennengelernt haben. Von Lehrerinnen und Lehrern wird gefordert, neue Medien im Unterricht zu verwenden und über diese zu informieren und zu sprechen, auch wenn dieses Thema kaum oder gar nicht Teil ihrer Ausbildung war. Die sogenannte digitale Revolution hat uns überholt und wir suchen laufend nach Antworten. Apps und Computerspiele können im Monatstakt wechseln, und während ein Trend erforscht wird, wurde er schon vom nächsten abgelöst. Wir bestaunen moderne 3D-Grafik, und der nächste angebliche Trend, die virtuelle Realität mittels Virtual-Reality-Brille, steht schon in den Startlöchern.

Wie viel ist zu viel? Wie kann ich etwas begleiten, was ich selbst nicht verstehe? Wie kann ich mein Kind unterstützen, wenn es selbst das Gerät weitaus besser bedienen kann als ich? Was ist die Faszination dieser Videos und Spiele? Warum fällt es so schwer, abzuschalten, und wie kann das trotzdem gelingen? Wie kann ich mein Kind vor möglichen Gefahren im Internet schützen? Wie kann es gelingen, ein mündiger und verantwortungsvoller Internetnutzer zu werden?

Dieses Buch soll dabei unterstützen, auf diese Fragen Antworten zu finden. Wichtig ist hierbei, dass es keine Standardantworten gibt, die für alle Familien passen. Alle Kinder und Jugendlichen sind unterschiedlich und ebenso alle Familien. Die digitalen Technologien und Trends ändern sich rasend schnell und die Forschung zur Wirkung digitaler Medien auf Erwachsene, aber noch mehr auf Kinder und Jugendliche, hinkt durch das hohe Tempo der Entwicklung hinterher. Das Buch soll eine Begleitung durch den digitalen Dschungel darstellen und dabei helfen, eigene Lösungen als Familie zu erarbeiten. Mit meiner Arbeit will ich Eltern, Bezugspersonen und Pädagoginnen und Pädagogen helfen, Kindern und Jugendlichen in ihren digitalen Lebenswelten zu begegnen, sie zu verstehen und zu begleiten. Damit soll dieses Buch eine unterstützende Funktion bei der Erfüllung unserer Aufgabe als Eltern und Pädagoginnen und Pädagogen haben, Kindern sichere Rahmenbedingungen zu bieten, damit diese selbstständig die Welt um sie herum entdecken können.

Heranwachsen in einer vernetzten Welt sieht heutzutage anders aus als die Medienerfahrungen der 90er-Jahre und des frühen neuen Jahrtausends. Als Neugeborener wurde er bereits von den Eltern mit der Handykamera fotografiert. Die Bilder wurden stolz in der WhatsApp-Familiengruppe geteilt und an Freunde verschickt. In diesem Stil werden auch die ersten Wochen und Monate von Klaus von Medien geprägt sein, von jeder Bildaufnahme, vom Videotelefonat über Skype mit den Großeltern und dem Läuten des Handys der Eltern, wenn Freunde telefonisch zu seiner Geburt gratulieren wollen. Selfies mit Klaus, süße Videos und vielleicht auch Fotos für den eigenen Blog oder Instagram-Account sind die früheste Form der Mediengestaltung, an der er, wenn auch noch passiv, teilnimmt.

Klaus sieht seine Eltern täglich mit diesen magischen Geräten interagieren. Sie leuchten, piepen, läuten, blinken und üben damit eine unglaubliche Anziehung aus. Gleichzeitig haben sie oft auch den Ruf des Verbotenen. Der Zugang zu diesen Geräten wird häufig durch die Eltern limitiert. Diese Verhaltensweise macht die Anziehung noch größer. Mit zwei oder drei Jahren beginnt Klaus, mit Kinder-Apps am Tablet zu spielen und gemeinsam mit der Mutter Fotos am Handy anzuschauen. YouTube-Videos ersetzen das Nachmittagsfernsehen, da hier alles immer auf Wunsch (möglichst kindergerecht) abrufbar ist. Auf »Shaun das Schaf« muss nicht gewartet werden, denn Shaun ist immer mit dabei. Beim Besuch der Freunde ist Ruhe, denn die Kinder schauen gemeinsam YouTube-Videos und haben dabei längst entdeckt, dass jede Berührung des Bildschirms eine direkte Reaktion des Geräts bewirkt. Neugierig, wie Klaus ist, beginnt er bereits, diese digitale Welt zu erforschen. In seinem Umgang mit der digitalen Welt ist Klaus dabei viel natürlicher als Erwachsene. Während die Generation der »Digital Immigrants«, also der digitalen Immigranten, die vor 1980 geboren wurden, mehr über Folgen und Komplikationen, Bezahlabos oder pornografische Inhalte nachdenkt, tippt Klaus fröhlich auf das erste blinkende Bild, um zu schauen, was passiert. Klaus ist ein sogenannter »Digital Native«, ein digitaler Eingeborener. Während die Digital Immigrants in eine digitale Welt erst nach und nach eingezogen sind, wurde Klaus als Digital Native bereits in diese Welt hineingeboren.

Mit sieben Jahren hat Klaus ein eigenes Tablet. Natürlich ist der Zugang zu diesem Gerät zeitlich limitiert, doch Klaus kann davon kaum genug bekommen. Um jede weitere Runde im Spiel und jedes weitere YouTube-Video wird mit den Eltern verhandelt: Noch eine Runde spielen, noch ein Video schauen, dann ist aber wirklich Schluss. Zur Erstkommunion bekommt Klaus ein eigenes Smartphone. Damit wird für ihn der Einstieg in die schon lange angekündigte Welt von WhatsApp und anderen Messengern möglich. Vorher hatte Klaus jahrelang Zeit, die Eltern im Umgang mit diesen Medien zu beobachten: Bilder verschicken, Nachrichten versenden, in Gruppen aktiv sein. Beim Essen läutet das Handy und der Vater erzählt von seiner Freundesgruppe, die sich zum Volleyball verabredet. Selbstverständlich will Klaus an dieser Welt der ständigen Verfügbarkeit und Kommunikation teilnehmen. Mit dem eigenen Handy werden Klaus endlich diese digitale Welt und die mit ihr verbundenen Möglichkeiten, wie Fotos und Videos zu verschicken, den eigenen Standort zu teilen und vieles mehr, eröffnet. Eine der größten Herausforderungen wird für ihn sein, von dieser Welt bewusst Abstand zu nehmen und Abgrenzung zu erlernen. Welchen Druck es bedeutet, ständig erreichbar zu sein, wird Klaus nun kennenlernen.

Spätestens mit Eintritt in die Unterstufe ist ein eigener Computer notwendig. Zunehmend werden auch in Volksschulen bereits Computer verwendet. E-Homework will erledigt werden, die Lehrerinnen und Lehrer schreiben E-Mails mit Zusatzaufgaben und Informationen zum Klassenausflug und Hausübungen dürfen statt mit Hand und Füllfeder mit Microsoft Word geschrieben werden. Die Zeiten von COVID-19 haben deutlich gemacht, wie sehr gesellschaftlich und politisch davon ausgegangen wird, dass alle Kinder Laptop und Internetanschluss besitzen und diese Technologien auch entsprechend bedienen können. Mit dem eigenen Computer wird auch die Spielewelt vom Handy auf den großen Bildschirm erweitert. Seine Freunde haben schon lange Spielkonsolen wie Xbox oder

PlayStation, also möchte auch Klaus langsam eine eigene. Manche Freunde wollen nicht mehr zu Besuch kommen, da er keine Konsole besitzt.

Nach WhatsApp folgt ein Snapchat-Account, welcher die Kommunikation mit Freundinnen und Freunden weiter beschleunigt. Darauf folgt der Instagram-Account. Klaus ist inzwischen zu einem Jugendlichen geworden und nutzt das Internet mit 14 Jahren etwa sechs Stunden pro Tag (ARD-ZDF-Onlinestudie 2019). Die durchschnittliche Nutzungsdauer ist 2019 im Vergleich zum Vorjahr um weitere 15 Minuten angestiegen. Fließend wechselt er zwischen WhatsApp, Snapchat, Instagram, Handy- und Konsolenspielen. Abgeschaltet wird ungern. Es gibt immer noch etwas, was wichtig ist – und selbstverständlich haben angeblich alle Klassenkolleginnen und Klassenkollegen unbegrenzten Zugriff auf ihre Geräte und viel weniger strenge Eltern.

Die Eltern von Klaus sind manchmal ratlos. Sie selbst hatten in ihrer eigenen Kindheit vielleicht einen Super Nintendo als Spielkonsole, aber diese modernen Geräte mit ständiger Internetverbindung hatten sie nicht. Sie verstehen manchmal nicht, worin die Faszination für Klaus liegt. Ihnen fällt jedoch auf, dass Regeln oft ignoriert werden und ständig über die Nutzungsdauer verhandelt werden muss. Das neue Handy ist schnell nicht mehr gut genug und überhaupt will Klaus einen umfassenderen Handyvertrag, da das Downloadvolumen von mehreren Gigabyte schon wieder aufgebraucht ist. Gleichzeitig sind sie der Überzeugung, dass diese Technologien nicht nur die Zukunft, sondern auch die Gegenwart sind. Klaus muss lernen, sie zu bedienen, in beinahe jedem Job wird eine Vertrautheit im Umgang mit neuen Medien als selbstverständliche Voraussetzung gesehen.

Die neuen Generationen aber wachsen in Bezug auf Technologie vollkommen anders auf als noch ihre Eltern. Das Internet war immer Teil ihrer Lebenswelt. Fernseher, Beamer, Tablet und Smartphone sind Technologien und Geräte, die für sie immer da waren. Kleinkinder behandeln Printmagazine wie Tablets und versuchen, von einer Seite auf die nächste zu wischen. Kinder im Alter von vier Jahren nutzen Videotelefonie ganz selbstverständlich am Telefon der Eltern, spielen Spiele oder sehen Fotos an.

Für diesen Generationenwechsel lässt sich kein genauer Zeitpunkt festmachen. Die Kinder der späten 80er und frühen 90er Jahre sind eine Art Sandwich-Generation. Viele hatten in ihrer Teenagerzeit bereits Mobiltelefone, jedoch keine Smartphones. Die Spät-80er und 90er kauften ihr erstes Smartphone mit Anfang 20. Momentan findet der Einstieg in die Welt der Smartphones mehr als zehn Jahre früher statt. Das Smartphone ist zum beliebtesten Geschenk zur Erstkommunion geworden, also für Kinder im Alter von circa 8 bis 9 Jahren. Die Zahlen für Deutschland sprechen eine klare Sprache: Bereits 33 % der Kinder im Alter zwischen 8 und 9 besitzen ein eigenes Smartphone, im Alter von 10 bis 11 Jahren sind es dann schon 75 %. Eine Studie des Vereins Safer Internet Österreich berichtet davon, dass 33 % der Kinder zwischen null und sechs täglich internetfähige Geräte nutzen weitere 46 % der Kinder mehrmals pro Woche. Im Durchschnitt waren die Kinder bei ihren ersten Versuchen ein Jahr alt. Der Großteil der Kinder hat zum Zeitpunkt des ersten Eigenbesitzes also schon über sechs Jahre Medienerfahrung.

Mit den technologischen Möglichkeiten haben Smartphones für Kinder immens an Anziehung gewonnen. Kleine Kinder sind fasziniert vom Smartphone der Eltern. Viele Jugendliche sind technologisch voll ausgestattet – Smartphone, Tablet, Smartwatch, eBook-Reader, Laptop. Sie wachsen in einer vernetzen Welt auf.

> *Welche Geräte hatten Sie in Ihrer Jugend?*
> *Was hat Sie an diesen Geräten fasziniert?*

Das vorliegende Buch gliedert sich in drei große Abschnitte: Begreifen, Begleiten und Begrenzen. Im ersten Abschnitt wollen wir gemeinsam die Faszination und Magie des Internets und der digitalen Geräte verstehen und herausfinden, wie sie funktionieren und welche Mechanismen sie so attraktiv für uns Menschen machen. Nur das, was ich verstehe, kann ich reflektieren und ändern. Im zweiten Abschnitt – Begleiten – wird es darum gehen, wie wir Kinder und Jugendliche in der digitalen Welt unterstützen können. Wie viel müssen wir wirklich wissen? Wie können erste Schritte gelingen? Welche Rolle spielt Kontrolle? Wie kann die digitale Welt gemeinsam erschlossen werden? Der letzte Abschnitt – Begrenzen – widmet sich der Frage, wie ein Rahmen für Kinder und Jugendliche geschaffen werden kann. Welche Grenzen oder Regeln sind notwendig und wie können wir sie durchsetzen? Sind technische Sperren sinnvoll?

Im Lauf des Buches finden Sie immer wieder Reflexionsfragen. Diese Fragen sollen Ihnen helfen, sich an eigene Erlebnisse zu erinnern, die eigenen Positionen zu hinterfragen und eine Haltung zum Thema Neue Medien zu entwickeln. Sie sind eine Einladung, zu reflektieren und mit Freundinnen und Freunden oder der Partnerin oder dem Partner zu diskutieren.

Das Buch will Mut machen und dazu anregen, die digitale Welt (gemeinsam mit Kindern und Jugendlichen) zu entdecken und sich diesen neuen Herausforderungen in unterschiedlichsten Kontexten zu stellen. Das Internet bietet gegenüber älteren und digitalen Technologien wie dem Fernsehen einen großen Vorteil: Es ist ein partizipatives Medium. Wir alle können es mitgestalten. Durch unsere Nutzung, durch Inhalte, die wir hochladen, durch das Akzeptieren oder Verneinen von Geschäftspraktiken und durch Regeln und Grenzen. Wenn wir uns diesen neuen Herausforderungen der Mitgestaltung in der digitalen Welt stellen, kann es uns gelingen, dieses Medium nach unseren Wünschen zu formen und die neuen digitalen Generationen gut in diese spannende Welt voller Wunder zu begleiten.

Begreifen. Warum verstehen besser ist als verbieten

EINE NEUE WELT

»Mama, Lisa und ich sind jetzt bei Discord.
Und nachher spielen wir wieder LOL oder Minecraft PvP.«
Verstehen Sie auch manchmal nur Bahnhof?

Unseren eigenen Garten oder den Lieblingsspielplatz unseres Kindes kennen wir gut. Vielleicht haben wir den Garten sogar selbst angelegt, verbringen in den warmen Jahreszeiten täglich mehrere Stunden dort und kennen alle Winkel und Verstecke. Den Spielplatz haben wir jahrelang ohne Kind im Vorbeifahren gesehen und dann gemeinsam mit unserem Kind erforscht. Wir sitzen auf der Bank und schauen beim Spielen zu oder beobachten durch das Küchenfenster, was unsere Kinder im Grünen gerade entdecken.

Auch wir sind möglicherweise draußen groß geworden. Der Garten oder der Spielplatz sind Welten, in denen wir selbst Erfahrungen gesammelt haben, die uns vielleicht noch überraschen, uns aber nicht gänzlich unbekannt sind. Der Garten wurde nicht erfunden, als wir 30 Jahre alt waren, und wir haben nicht mit 18 Jahren das erste Mal einen Spielplatz gesehen. Mit dem Smartphone verhält sich das anders. Nicht nur weil wir später mit diesen Technologien in Kontakt gekommen sind, sondern weil sie für sich abgeschlossener sind. Das Handy bedienen wir eher alleine; es ist ein Mikrokosmos, der nur ein kleines Fenster hat und gleichzeitig wenig oder gar keine Grenzen. Jedes Smartphone öffnet automatisch ein Fenster in die unbegrenzten Weiten des Internets.

Mit dem Einzug der Smartphones ab dem Jahr 2007 ist eine neue Welt entstanden. Diese gab es in der Kindheit und Jugend der meisten Eltern noch nicht. Ihre damalige digitale Welt war eine des Fernsehens (und das war oft noch analog). Als der Fernseher zunehmend in die Haushalte einzog, gab es große Aufregung. Fernsehen mache angeblich dumm oder süchtig, außerdem auch kurzsichtig und führe dazu, dass Kinder die Welt draußen vernachlässigen würden. Es gab eine Phase der Überforderung mit und Angst vor dieser damals neuen Technologie. Das, obwohl das Angebot an Sendern beschränkt war. Erst das Satellitenfernsehen Anfang der 90er-Jahre machte eine sehr große Sendervielfalt für mehr Menschen zugänglich. Die große Aufregung um Fernseher legte sich mit den Jahren. Die Geräte wurden Teil unserer Lebenswelt und Familien entwickelten unterschiedliche Strategien, um mit dem Fernsehkonsum ihrer Kinder umzugehen. Der Fernseher ist damit eine Technologie, an die die jetzige Elterngeneration gewöhnt ist. Die Frage nach dem angebrachten Fernsehkonsum taucht zwar nach wie vor auf, aber sie baut auf einer Vertrautheit mit dem Medium auf.

Können Sie sich an Ihre erste Fernsehsendung erinnern? War Fernsehen damals noch etwas Besonderes oder war die Grenze zum Alltäglichen schon überschritten?

Hier ist es wichtig, die technologische Verbreitung in Betracht zu ziehen. Die Verbreitung des Fernsehens im Haushalt ist an einer Statistik aus Deutschland ablesbar. Während 1956 4 % der Haushalte einen Fernseher hatten, waren es 1965 64 % und im Jahr 1971 schon 88%. Bei Kindern und Jugendlichen war 2007 circa 1 % in Besitz eines eigenen Smartphones. 2015 waren es laut der deutschen QIM-Studie 97,5 % der befragten Jugendlichen. Wir erleben somit eine Technologie, die von 0 % auf beinahe 100 % in weniger als zehn Jahren gesprungen ist. Dies ist in der Geschichte der Menschheit die schnellste Verbreitung einer Technologie, die es jemals gab. Im Vergleich dazu: Die ersten Telefongespräche in Österreich mit damals 154 Anschlüssen fanden 1881 statt, 1972 gab es die letzte Handvermittlung in einer Telefonzentrale. Das Telefonsystem war ab dann vollständig automatisiert. Im Jahr 1958 gab es 369 626 Hauptanschlüsse für Telefone in Österreich, wie das Österreichische Institut für Wirtschaftsforschung 1959 erhob. 2018 gab es in Österreich knapp 11 Millionen Mobilfunkanschlüsse. Das bedeutet, dass jede Österreicherin und jeder Österreicher zum aktuellen Zeitpunkt im Schnitt 1,5 SIM-Karten besitzt.

Die Folge davon: Wir können uns mit rasant wachsenden Technologien nicht vollständig auskennen. Smartphones sind ein Phänomen der letzten zehn Jahre. Sie haben in unserer Kindheit und Jugend nicht existiert und ihre stetige Veränderung und Verbreitung machen es beinahe unmöglich, auf dem Laufenden zu bleiben. Während die Zeilen für dieses Buch entstehen, ist das Bildschirmspiel Fortnite (in dem es darum geht, alle Gegenspieler abzuschießen und als Letzter zu überleben) noch ein großer internationaler Trend, aber bereits leicht rückgängig in den absoluten Nutzungszahlen. Virtual-Reality-Brillen sind nicht im täglichen Einsatz, aber die Entwickler von Bildschirmspielen zeigen mehr und mehr Interesse an dieser Technologie. Hunderte Hersteller veröffentlichen beinahe wöchentlich neue Smartphones, die sich technologisch jedoch immer ähnlich werden und selbst für Expertinnen und Experten Unterschiede zwischen den Modellen schwer erkennbar machen. Die Verkaufszahlen für Laptops und PCs sind leicht rückgängig, da die Nutzerinnen und Nutzer ihre Geräte länger besitzen und nicht so schnell austauschen. Facebook ist für junge Userinnen und User uninteressant geworden (zumindest in Österreich, nicht so in den USA), Instagram und WhatsApp sind alltäglich, Snapchat ist es in den letzten beiden Jahren auch geworden. Discord wird zur Kommunikation bei Bildschirmspielen genutzt. Microsoft und Sony haben bereits ihre nächste Generation an Spielkonsolen angekündigt, während Google eine Art »Netflix für Computerspiele« entwickelt, unter dem Namen Stadia. Mit Stadia wird es möglich sein, modernste Spiele auf dem Computer zu streamen, sie sind damit ohne Installation spielbar und werden – ähnlich wie Netflix – im Abo erworben. Ein solches Spiel-Streaming würde den gesamten High-End-Markt bei Computern verändern. Der ständige Austausch von Technologie würde endgültig überflüssig werden, selbst ältere Computer könnten modernste Spiele darstellen.

5 G löst das deutlich langsamer LTE-Netz zunehmend ab, in Ballungszentren in Österreich wird es bereits als Alternative angeboten. Die durchschnittliche Internetgeschwindigkeit wird damit um ein Vielfaches steigen. Durch COVID-19 sind Onlinekonferenzen von einem Tag auf den anderen allgegenwärtig geworden. Früher noch als Telework bezeichnet ist das Homeoffice plötzlich weit verbreitet. Unterschiedliche Tools kommen hier zum Einsatz, Schulen setzten anfangs noch auf Zoom, dann zunehmend auf datenschutzfreundlichere Systeme. Die Office-

Produkte von Microsoft gibt es nur noch vereinzelt als lebenslange Lizenz, größtenteils werden sie per Onlineabo gemietet. Die letzte Videothek hat in Österreich im Jahr 2017 zugesperrt. Im Jahr 2020 startete Disney mit dem Streamingangebot Disney+ einen direkten Konkurrenten für Netflix. In den ersten drei Monaten konnte Disney+ weltweit 50 Millionen Kundinnen und Kunden aufbauen.

Diese schnell aufgezählten Beispiele sollen noch einmal deutlich machen, dass es für uns als Eltern und Pädagoginnen und Pädagogen unmöglich geworden ist, mit dieser Verbreitung und rasanten Entwicklung Schritt zu halten. Bis Sie dieses Buch in den Händen halten, werden wieder neue Plattformen und Technologien die alten abgelöst haben. Die Digitalisierung ist ein ständiger Sprint geworden und das Tempo wird laufend höher.

> **Smartphone und Tablet sind eine Entwicklung der letzten zehn Jahre. Durch die rasante Verbreitung sind mehr als 90 % der über 11-Jährigen in Österreich mit einem oder mehreren Geräten ausgestattet. Die Forschung darüber hinkt hinterher und die aktuelle Entwicklung und weitere Verbreitung legt tendenziell an Tempo zu.**

VIRTUELLE BEZIEHUNGEN SIND REAL

Klaus hat durch sein Lieblingscomputerspiel ein nettes Mädchen kennengelernt. Sie haben ein paar Wochen lang immer wieder im Voice Chat im Spiel geplaudert, vielleicht sogar ein bisschen geflirtet. Jetzt plötzlich ist sie weg und Klaus ist am Boden zerstört.

Was bei Eltern manchmal auf Unverständnis stößt, ist eine der wichtigsten Entwicklungen, die es zu verstehen gilt. »Virtuell ist real« bedeutet nämlich vor allem, dass Kinder und Jugendliche zwischen »Online-Beziehungen« (freundschaftliche, romantische und andere Beziehungen) und »Offline-Beziehungen« viel weniger Unterschied machen als die vorhergegangenen Generationen. Die digitale Generation lebt ihre Beziehungen nahtlos online und offline. Mit dem besten Freund kann am Heimweg im Schulbus noch der Tag besprochen werden und nach dem Aussteigen geht das Gespräch direkt auf WhatsApp weiter. Wo Instant-Messaging-Dienste für die Elterngeneration eher dem Informationsaustausch dienen, sind sie für Jugendliche ein Weg, um Beziehungen digital weiter zu leben. »Ich hab' gestern mit meiner Freundin geredet – auf WhatsApp.« Dieser typische Satz von Jugendlichen bringt es auf den Punkt.

Jugendliche können digital Freundschaften schließen und sich online verlieben. Diese »digitalen« Beziehungen sind nicht weniger real als die »Offline-Beziehungen«, die Erwachsene leben. Das bedeutet auch, dass der dort erlebte Schmerz über Streit und Trennung ebenso real ist. Manchmal gibt es bei älteren Generationen die Vorstellung, dass dies ohnehin nur »virtuell« sei; dass Beziehungen im digitalen Raum nicht so »echt« seien wie die zu unserem besten Freund, mit dem wir schon in den Kindergarten gegangenen sind. Die digitale Welt begreifen bedeutet auch, sich von dieser Vorstellung zu trennen. Ein Vergleich, der manchmal hilfreich ist: Eine Brieffreundschaft (eine Form der Freundschaft, die inzwischen so gut wie verschwunden ist) war in unserem Verständnis auch eine Freundschaft.

Ein Telefonat ist auch ein »echtes« Gespräch, selbst wenn die Person nicht unmittelbar anwesend ist. So sind alle Beziehungserfahrungen, die Kinder und Jugendliche im digitalen Raum machen, ebenfalls echt.

> *Hatten Sie früher eine Brieffreundschaft?*
> *Oder eine E-Mailfreundschaft?*
> *Haben Sie schon einmal online jemanden kennengelernt?*
> *Wenn ja, wie hat sich das angefühlt?*

Für uns als Eltern bedeutet dies, dass wir mit den Online-Erfahrungen unserer Kinder respektvoll umgehen müssen. Wir müssen uns bewusst sein, dass das, was dort passiert, nicht nur virtuell oder simuliert ist. Es sind echte Erfahrungen, die Freude auslösen oder verletzend sein können, die Kränkungen zur Folge haben oder Bauchkribbeln verursachen.

Mit diesem Verständnis im Hinterkopf wird auch klarer, warum für viele Kinder das Wegnehmen des Smartphones als Konsequenz so schlimm ist. Smartphone-Entzug ist der neue Hausarrest. Hier schneiden wir den Kindern und Jugendlichen die Nabelschnur zu ihrer digitalen Welt ab und setzen Freundschaften auf Pause. Diese Maßnahme löst daher oft eine sehr starke Reaktion aus. Jugendliche werden wütend, schmeißen vielleicht die Tür zu oder schreien die Eltern an. Manchmal sind wir durch diese Reaktion verstört und haben Angst, sie sei ein Zeichen, dass unser Kind süchtig nach der Technologie ist. Glücklicherweise kommt eine Internetsucht nur sehr selten vor (und hat meist Gründe, die viel eher in der Familie als im

Internet liegen). Der plötzliche Abbruch der digitalen Kommunikation ist vergleichbar mit Isolationshaft – auch wenn es für uns manchmal unverständlich wirken mag. Kinder sind – wie alle Menschen auf der Welt – also viel eher süchtig nach Beziehungen. Ohne Beziehungen zu anderen Menschen können wir nicht überleben und der Smartphone-Entzug kappt eben diese so wichtigen Beziehungen manchmal radikal. Besonders im Teenager-Alter werden dann die Beziehungen zu Freundinnen und Freunden noch einmal wichtiger. Teenager brauchen Rückmeldung und Bestätigung aus der Peergroup, der Aufbau eines Netzwerks an Beziehungen außerhalb der Familie ist eine zentrale Entwicklungsaufgabe. Der Smartphone-Entzug unterbricht diese Entwicklung radikal. Alternative Handlungsmöglichkeiten finden Sie im dritten Teil des Buches.

Hinzu kommt, dass bestimmte Apps (beispielsweise Snapchat) massiv auf einem Belohnungs- / Bestrafungssystem aufbauen. Dieses System macht es notwendig, spätestens alle 24 Stunden einen Blick in die App zu werfen und bestimmte Nachrichten (sogenannte Snaps) zu beantworten. Macht man das nicht, »bestraft« die App sowohl mich als auch die Person, mit der keine Snaps ausgetauscht wurden. Für jeden Tag, an dem ein Snap hin- und hergeschickt wird, zählt die App einen Punkt dazu. Ein sogenannter Snapstreak hat die Form einer Flamme, in der eine immer höhere Zahl steht. Nach 30 aktiven Tagen beispielsweise »30«. Wenn aber an einem Tag ausgesetzt wird, verschwindet die Flamme bei mir und meinem Chatpartner und wir starten wieder bei null. Es entsteht somit auch ein sozialer Druck, möglichst oft die App zu öffnen und Nachrichten auszutauschen. Diese Wirkmechanismen werden uns im Laufe des Buches noch beschäftigen – wir treffen im Internet ständig auf sie. Manche Jugendliche in meiner psychotherapeutischen Praxis haben einen Snapstreak von 200 oder 300. Die persönlichen und sozialen Kosten diesen zu verlieren, steigen also zunehmend an. Snapchat visualisiert damit genau so wunderbar, wie trickreich soziale Beziehungen und die bereits getätigte Investition an Zeit und Aufwand sein können. Mit der Zeit wird es somit immer schwieriger, aus dem System auszusteigen.

Tobias kam auf Wunsch der Eltern zu mir in Therapie. Die Eltern waren sehr besorgt: Tobias war von seinem Smartphone fast nicht mehr zu trennen, verbrachte täglich acht bis neun Stunden an seinem Gerät und auch die Schulnoten waren schon schlechter geworden. Die Eltern hatten bereits probiert, ihm sein Smartphone wegzunehmen. Ihre Idee war, dass ein radikaler Entzug Tobias helfen könnte, in die Realität zurückzufinden. Im Erstgespräch mit den Eltern war Tobias sehr still und wirkte leicht genervt auf mich. Die Eltern überlegten lange und laut, was wohl der Grund für die mögliche Smartphonesucht sein konnte und wollten von mir konkrete Ideen, wie sie Tobias vom Smartphone trennen konnten. Den täglichen Streit über das Gerät hatten sichtlich alle Familienmitglieder satt. In der zweiten Stunde – wie eigentlich immer – kam Tobias dann ohne seine Eltern. Kaum war er ohne Eltern, begann er von seinen digitalen Abenteuern zu erzählen und dem Freundeskreis, den er auf unterschiedlichen Plattformen gefunden hatte. In der Klasse war es immer wieder schwierig für ihn, Anschluss zu finden, und er war sich nicht sicher, ob die Schule wohl die richtige für ihn sei. Die digitale Welt aber, die war in Ordnung. Dort konnte er Freundschaften und Hobbys leben. In der nächsten Stunde holten wir die Eltern wieder dazu. Gemeinsam gelang es uns, ein bisschen von dieser digitalen Welt zu erzählen. Den Eltern gelang es im Gegenzug, ehrliches Interesse für die für sie anfangs unverständliche Lebenswelt von Tobias zu entwickeln. Plötzlich war wieder ein Gespräch über Medien möglich, das nicht von Streit geprägt war. Tobias fühlte sich zunehmend verstanden und für ihn wurde es möglich, auch die Ängste der Eltern zu verstehen. Unsere Arbeit endete an dieser Stelle – von Sucht war keine Rede mehr.

»Virtuell ist real« bedeutet jedoch nicht, dass Kinder nicht zwischen Realität und Computerspiel unterscheiden können. Zahlreiche Studien (Sie finden einige davon unter www.lukaswagner.at/links) zeigen eindeutig, dass Jugendliche, die gewalttätige Computerspiele spielen, nicht automatisch zu Amokläufern werden. Kinder und Jugendliche wissen sehr wohl, was Realität und was nur im Computerspiel möglich ist. Die aufgehobene Unterscheidung zwischen real und virtuell betrifft ausschließlich den Bereich der Beziehungen zu Freundinnen und Freunden, zu den Eltern oder Partnerinnen und Partnern. Der Streit mittels WhatsApp ist genauso real, aufwühlend und wirkungsvoll wie das Schreiduell am Schulhof. Im späteren Teil dieses Buches finden Sie noch ein ausführliches Kapitel unter dem Titel »Hauptberuflich Spielen« zum Thema Bildschirmspiele und der Abgrenzung von digitalen Abenteuern, Gewaltbereitschaft und Sucht.

Für uns als Eltern bedeutet dies vor allem, dass wir das, was im digitalen Raum passiert, mindestens genauso ernst nehmen müssen, wie das, was analog passiert. Würde unser Kind in der Schule mit dem besten Freund furchtbar streiten, kämen wir nicht auf die Idee, ihm zu erklären, dass das ohnehin nicht echt war und nicht so schlimm ist. Wir geben uns Mühe, liebevoll zuzuhören, nehmen es vielleicht in den Arm und helfen ihm, sich zu beruhigen und den Streit aus dem Weg zu räumen. Das gleiche sollten wir im digitalen Raum machen, ganz egal ob es sich um Streit, Verliebtheit, Liebeskummer oder Ärger handelt. Es ist eben doch alles nicht weniger echt.

> **Kinder unterscheiden bei Beziehungen viel weniger zwischen virtuell (»nur online«) und real als die Elterngeneration. Onlinebeziehungen sind genauso echt wie die Freundschaft zu Klassenkolleginnen und Klassenkollegen. Dies müssen wir als Eltern würdigen und ernst nehmen und die Kinder in ihren neuen Beziehungsideen respektieren. Dennoch bedeutet dies nicht, dass Kinder Computerspiele und Realität nicht auseinanderhalten können.**

DER GEHEIME GARTEN

Thomas ist komplett in sein Smartphone vertieft. Immer wieder lacht er und schaut aufgeregt. Wenn ihm seine Eltern zu nahekommen, dreht er sich so, dass sie nicht auf den kleinen Bildschirm in seiner Hand sehen können. »Das ist privat!«, brüllt er, wenn die Eltern versuchen, einen Einblick zu bekommen.

Mit dem Einzug der Smartphones in die Hände von Kindern und Jugendlichen ist ein geheimer Garten entstanden. Die kleinen Bildschirme sind wie Fenster in eine Welt, in die andere schwer hineinblicken können. Es ist hilfreich, sich diese digitale Welt wie einen geheimen Garten vorzustellen. Wenn wir an einen solchen denken, dann hat dieser etwas Faszinierendes, Magisches, manchmal sogar Verbotenes. Manche wissen nicht, dass es ihn gibt. Wir aber haben den Schlüssel, er ist wie unser eigenes Reich, das wir nach und nach erforschen können. Der digitale Garten, die neue Welt des Internets, wird durch ein Fenster betreten, das wir in der Hand halten können und immer mit uns führen. Er ist ständig in Veränderung, passt sich all unseren Wünschen an, bietet täglich neue Abenteuer und ist gefüllt mit anderen Besuchern und versteckten Orten. Er gehört nur uns, wir können ihn nach unseren Vorstellungen einrichten und Gäste einladen. Gleichzeitig aber kann ihn ohne unsere Erlaubnis nur schwer jemand betreten.

> *Welche Geheimnisse hatten Sie früher vor Ihren Eltern?*
> *Wobei durften Ihre Eltern Sie nicht erwischen?*

Lassen wir für einen Moment außen vor, ob wir diese digitale Entwicklung gut oder schlecht finden. Alleine die Möglichkeiten des Internets sind zutiefst beeindruckend. Der größte Abenteuerspielplatz der Welt ist immer im Hosentaschenformat verfügbar. Wir können unsere Abenteuerwelt nicht nur immer mit uns mitführen, sondern sie ist auch leicht geheim zu halten. Das Fenster zum geheimen Garten ist handflächengroß. Wer da hineinschauen will, muss uns schon über die Schulter sehen. Kinder müssen das Smartphone aus der Hand geben, damit Eltern Einblicke bekommen. Technisch wäre es natürlich möglich, ein gewisses Level an Kontrolle einzuführen. Wir können als Eltern relativ problemlos mit Spezialsoftware kontrollieren, welche Apps unsere Kinder benutzen, welche Webseiten sie besuchen oder worüber sie auf WhatsApp schreiben. Fast immer aber führt diese Form von Kontrolle dazu, dass Kindern beginnen, bestimmte Verhaltensweisen zu verstecken. Kinder erkennen schnell, was erwünscht und unerwünscht ist. Das bedeutet nicht, dass sie dann kein unerwünschtes Verhalten an den Tag legen. Sie lernen eher, dass Eltern nicht mitbekommen sollten, wenn sie etwas Unerwünschtes tun. Die meisten Kindern im Alter von zehn oder elf Jahren können selbst aufwändige technische Sperren innerhalb von kurzer Zeit austricksen oder deaktivieren. Videos zu diesen Themen finden sich zu hunderten auf YouTube. Auch die beste Sperre der Welt kann außerdem nicht verhindern, dass Kinder bei ihren Freundinnen und Freunden Apps nutzen oder Spiele spielen, die wir als Eltern vielleicht noch verbieten. Oft kennen nur die Kinder selbst alle versteckten Winkel, alle Tricks oder die notwendigen Passwörter auf ihren Geräten. Auch auf YouTube zu finden sind selbstverständlich entsprechende Anleitungen, wie beispielsweise bestimmte Fotos oder Apps auf einem Smartphone vor den Augen der Eltern versteckt werden können.

Es reicht schon, ein bisschen über den Vergleich von digitaler Welt und geheimen Garten nachzudenken, um das Interesse von Kindern und Jugendlichen an Smartphone und Internet besser zu verstehen. Menschen sind Entdecker und soziale Wesen. Wir wollen Neues erkunden und uns mit anderen verbinden, Teil einer Gemeinschaft sein. Die digitalen Lebenswelten bieten das in einem nie dagewesen Ausmaß. Es gibt nicht eine spannende Sendung, es gibt tausende Sendungen. Nicht ein Spiel, das gerade im Freundeskreis gespielt wird, sondern hunderte Spiele, die um die Gunst und Aufmerksamkeit eines jungen Publikums kämpfen. Es gibt nicht 20 Klassenkolleginnen und -kollegen, sondern über 1,5 Milliarden User auf Instagram. Das Internet und der digitale Raum verbinden damit unsere sozialen

Grundbedürfnisse nach Vernetzung und Verbundenheit mit dem starken Wunsch, etwas Eigenes und Geheimes zu besitzen. Wie kleine Kinder sich Ritterburgen bauen, die die Eltern nicht betreten dürfen, ist der digitale Raum oft der erste wirklich große Raum, der vor den Blicken der Eltern geschützt ist. Immer wieder auch nicht nur durch kindliche Verbote, sondern durch technische Zugangsbarrieren und Wissen, in dem die Kinder immer wieder einen Vorteil ihren Eltern gegenüber haben. Kinder entdecken und bauen dort innerhalb kürzester Zeit eine eigene Welt. Und wir alle wollen eine eigene Welt haben, die uns gehört. Wir brauchen Geheimnisse.

Geheimnisse sind wichtig. Erst mit Geheimnissen ist es möglich, etwas zu besitzen, was nur uns gehört. Um zu einem eigenen Menschen zu werden und sich von den Eltern abzugrenzen, braucht es Geheimnisse. Das Internet ist wie geschaffen dafür, Kindern für ihre kleinen Verstecke Raum zu bieten. Uns als Eltern macht das oft Sorgen. Folgender Vergleich kann hier hilfreich sein: Manchmal sammeln Kinder beim Spielen für sie wertvolle Dinge – Steine, Schneckenhäuser, Muscheln. Sie verstecken diese dann an einem sicheren Ort. Selbst wenn wir nachfragen, wollen sie uns manchmal nicht erzählen, wo die Schätze versteckt sind. Wir finden das meistens rührend, sind von der Kreativität vielleicht sogar begeistert und können verstehen, dass Kinder versteckte Orte brauchen. Wir wissen aber eben auch, dass dort höchstwahrscheinlich keine Gefahr lauert.

Mit dem Internet verhält es sich ein wenig anders. In unserer Wahrnehmung ist das Internet oft voller Gefahren. Abofallen, Pornografie, unwahre oder nicht altersadäquate Informationen, Spiele mit Suchtfaktor, angebliche Freunde und vieles mehr stellen eine ständige Bedrohung dar. Gerade wenn wir eine mögliche Gefahr mit den Kindern besprochen haben, droht eventuell schon die nächste. Diese digitale Welt ist nicht nur von außen schwer einsehbar, oft wissen wir noch nicht einmal, ob die Kinder dort Geheimnisse haben. Manchmal wird wenig erzählt, oft aber verstehen wir auch nicht, was die Kinder in ihrem geheimen Garten machen. Es fällt uns vielleicht schwer, zu beurteilen, ob dort überhaupt Gefahren herrschen. Weil wir unsere Kinder schützen wollen, reagieren wir mit Angst. Schon befinden wir uns als Eltern in einem Spagat. Kinder haben ein Recht auf Geheimnisse und auf eigene Entdeckungsreisen. Wir aber haben den Wunsch nach Sicherheit. Wir wollen vermeiden, dass unsere Kinder schlimme Dinge erleben oder mit Inhalten konfrontiert werden, für die sie vielleicht unserer Wahrnehmung nach noch zu jung sind.

Hier passiert oft eines der größten Missverständnisse im Familienalltag. Als Eltern stellen wir Regeln und Grenzen auf, um den Internetkonsum zu bändigen. Wir tun dies aber nicht aus Gemeinheit oder um zu zeigen, dass wir Macht haben, sondern um unsere Kinder zu schützen. Kinder nehmen dies oft anders wahr. Sie reagieren mit Unverständnis auf unsere Regeln, sehen sie als willkürlich und unbegründet an. Die möglichen Gefahren, die wir sehen, sehen die Kinder oft nicht. Da wir aus einem Bauchgefühl handeln und oft selbst nicht genau sagen können, was unsere Sorgen sind, wird die Situation für Kinder noch undurchsichtiger. Warum ist nach 30 Minuten Schluss? Warum nicht nach 45 Minuten? Kinder stellen uns oft berechtigte Fragen und bringen uns in Argumentationsnot. Unsere Sorge führt zu Ärger bei den Kindern, da sie als grundlose Kontrolle und Einschränkung und nicht als ernst gemeinte Sorge verstanden wird. Der Ärger der Kinder wiederum ärgert uns, denn wir haben uns doch nur Sorgen gemacht. Schon sind wir mittendrin in einem Missverständnis, das so alt ist wie die Menschheit selbst – und sich im 21. Jahrhundert oft am Thema Medien aufhängt. Genau dieses Missverständnis ist in zahlreichen Familientherapien ein Thema. Kinder denken, dass Eltern sie kontrollieren, um ihnen den Spaß zu verderben oder weil sie überfürsorglich sind und sich grundlos Sorgen machen. Sie fühlen sich oft eingeschränkt und gegängelt. Eigentlich wollen sie ja nur online Freundinnen und Freunde treffen, ein neues Spiel spielen oder die Videos ihrer Lieblings-YouTuberinnen anschauen. Dann jedoch kommen die viel zu strengen Eltern und verbieten das. Die Eltern sagen: »Du musst jetzt aufhören.« Manchmal frage ich die Kinder, wie dieser Satz denn weitergehen könnte, wenn die Eltern eine Begründung anfügen würde. Typische Antworten der Kinder sind dann: »Du musst jetzt aufhören, weil ich nicht will, dass du Spaß hast.« Oder auch »Du musst jetzt aufhören, weil wir dir nicht vertrauen, dass du nicht süchtig wirst.« Beinahe täglich geht es in meiner Arbeit darum, dass wir als Eltern dort schwer vertrauen können, wo wir uns nicht gut auskennen und wo wir wenig Einblick haben. Die Kinder aber spüren das ganz gut und wehren sich gegen das fehlende Vertrauen. »Die Mama macht sich viel zu viele Sorgen, es ist ja eh alles okay.« Dieser Satz fällt in meiner Praxis mehrmals pro Woche. Spannend ist, wie hier aus der liebevoll gemeinten Fürsorge für die Kinder schnell Kontrolle entsteht. Für Eltern ist es wichtig, dass sie gut auf ihre Wortwahl gegenüber den Kindern achten. »Manchmal, wenn du viel spielst, mache ich mir Sorgen. Ich habe das Gefühl, dass zu viel spielen vielleicht ungesund ist. Wie siehst du das?« Dieser Satz kann manchmal schon etwas bewirken. Wenn Kinder die Sorge der Eltern spüren und von Kontrolle unterscheiden können, kann das bereits hilfreich sein.

Der geheime Garten aber ist nicht nur magisch und abenteuerlich. Er ist für uns auch manchmal gefährlich, unzugänglich und eine große Unbekannte. Wir wollen einen Blick in diesen geheimen Garten wagen und versuchen, ihn ein bisschen besser kennenzulernen (ohne dabei die Kinder zu stören). Das soll uns helfen, unsere Sorgen auf festes Fundament zu stellen. Muss ich mir wirklich Sorgen machen? Und wenn ja, kann ich meinem Kind auch sagen warum? Überall dort, wo Kinder gute Antworten bekommen, entsteht Verständnis. Dort, wo Verständnis füreinander herrscht, wird weniger gestritten und mehr verhandelt und kooperiert.

> **Das Smartphone ist ein kleines Fenster in eine digitale Welt. Diese bleibt oft geheim, da wir unseren Kindern nicht immer über die Schulter schauen können oder wollen. Kinder haben ein Recht auf Geheimnisse, Eltern ein Recht darauf, sich zu sorgen. Gegenseitiges Verständnis hilft, um diese Situation aufzulösen.**

DAS DIGITALE BAUMHAUS

Vom geheimen Garten zum digitalen Baumhaus.

Wohin soll die Reise in Sachen Medien gehen? Was ist eigentlich das Ziel einer gelungenen Medienerziehung? Was ist eine medienkompetente Familie? Das ist eine Frage, die ich immer wieder gerne am Anfang von Workshops oder Vorträgen stelle. Spannend ist, wie unterschiedlich die Antworten hier oft ausfallen. Durch die rasante digitale Entwicklung hatten wir als Gesellschaft, als Eltern und als Familie wenig Zeit, uns mit dieser Frage zu beschäftigen. Was bedeutet Medienkompetenz eigentlich, fernab von wissenschaftlichen Definitionen? Ich sammle immer wieder die Antworten der Teilnehmerinnen und Teilnehmer. Ganz oben auf der Liste: Kinder sollen abdrehen, wenn Eltern es sagen. Kinder sollen nichts Verbotenes machen. Kinder sollen in der Realität leben, nicht im Internet.

Diese Antworten sind insofern spannend, als dass sie wenig mit Medienkompetenz zu tun haben. Stellen wir uns dieselben Sätze mit dem Thema Ernährung und Essen vor, wird das deutlich: Kinder sollen aufhören zu essen, wenn Eltern das sagen. Kinder sollen nichts Verbotenes essen. Kinder sollen echte Dinge essen, keine virtuellen. Aufhören, wenn die Eltern es sagen, hat aber wenig mit Kompetenz zu tun, sondern vielmehr mit Autorität. Eltern wünschen sich hier eher durchsetzungsstark zu sein. Und dass Kinder nichts Verbotenes tun, ist wohl ein Wunsch von Eltern, der zehntausende Jahre alt ist. Und für Kinder ist das Internet nicht weniger real als der Spielplatz nebenan. Beim Thema Medienkompetenz in Familien fehlt uns noch viel Dialog. Für das nächste Familienessen und das nächste Treffen mit Freundinnen und Freunden wäre es spannend einmal zu fragen: Was ist Medienkompetenz für euch? Was ist eine medienkompetente Familie? Nicht, weil alle so gute Antworten liefern können, sondern weil wir uns austauschen müssen, um unsere eigenen Antworten und Ideen zu verbessern. Es gibt in diesem Fall keine richtige und keine falsche Position. Medienkompetenz kann zeitgerechtes Abdrehen sein oder kritisches Hinterfragen. Eine gute und offene Kommunikation mit den Eltern oder ein selbstständiges Entdecken. Medienkompetenz ist auf jeden Fall nicht, alle Befehle der Eltern zu befolgen oder schöne Präsentationen mit PowerPoint erstellen zu können (auch wenn das schulisch immer wieder als Medienkompetenz verstanden wird).

Hilfreich ist hier das Bild von einem digitalen Baumhaus. Die meisten Kinder lieben Baumhäuser. Das Baumhaus hat mit dem geheimen Garten einiges gemeinsam. Es ist ein versteckter Ort, der hauptsächlich den Kindern gehört. Es ist ein Platz für Abenteuer und kleine Geheimnisse. Es ist oft nicht leicht zugänglich und darf nur mit Einladung betreten werden. Es gibt aber auch ein paar wichtige Unterschiede zu einem geheimen Garten.

Baumhäuser sind nicht einfach da. Nur wenige Eltern werden ihrem Kind sagen: »Okay Karl, geh alleine in den Wald und bau ein Baumhaus, aber sei zum Essen wieder da.« Ein Baumhaus wird zusammen mit einer Person gebaut, die die nötige Expertise besitzt. Diese Person hat ein Auge auf die Sicherheit und Stabilität des Baumhauses. Gemeinsam mit dieser Person (hier ist es ganz egal, ob das Mama, Papa, Tante, Onkel oder jemand anderes ist) wird der Platz ausgesucht. Es gilt, den richtigen Baum zu finden. Es braucht entsprechende Materialien und einen Plan. Kinder sprechen beim Design mit. Ein Baumhaus kann in unterschiedlicher Höhe gebaut werden, groß oder klein sein. Während die Kinder gemeinsam (und damit unter Aufsicht) am Baumhaus bauen, können wir sie begleiten und sie dort unterstützen, wo sie Hilfe brauchen. Am Ende gibt es einen eigenen Platz für Kinder, ein Abenteuerhaus, das zahlreiche Möglichkeiten bietet und dennoch in einem sicheren Rahmen entstanden ist.

Stellen wir uns jetzt ein digitales Baumhaus vor. Auch hier braucht es eine Person, die bei der Anschaffung mithilft (die wenigsten Kinder kaufen ihr erstes Smartphone ohne Wissen und Unterstützung der Eltern). Kinder brauchen jemanden, der es mit ihnen plant und einrichtet (ohne SIM-Karte wird es kein Vergnügen). Diese Person kann das Kind weiterhin begleiten, die ersten Apps mit ihm gemeinsam einrichten und dabei immer im Austausch sein. »Warum willst du WhatsApp?« ist eine der zentralsten Fragen, um mit Kindern ihr digitales Baumhaus einzurichten. Auch hier soll am Ende ein Ort stehen, der dem Kind selbst gehört, den wir aber gemeinsam mit dem Kind auswählen, entdecken und vorbereiten. Das hat mehrere Effekte: Zum einen lernt das Kind, dass Smartphone und Internet etwas sind, was nicht geheim gehalten werden muss und gemeinsam genutzt und entdeckt werden kann, zum anderen haben wir einen Einblick in die digitale Welt unseres Kindes jenseits von Kontrolle und Überwachung. Wir können etwas Gemeinsames im digitalen Rahmen machen und müssen die Kinder nicht sich selbst überlassen.

> **Ein Ziel in der Medienpädagogik und dem täglichen Umgang mit Kindern kann sein, etwas Gemeinsames zu erschaffen. Wenn Medien ein gemeinsames Abenteuer werden, lassen wir Kinder nicht alleine und können sie unterstützen, begleiten und ihnen dort, wo es notwendig ist, über die Schulter schauen.**

EINE FRAGE DES VERTRAUENS

Wie ein »analoges« Baumhaus ist auch ein digitales Baumhaus eine Frage des Vertrauens. Teil davon ist immer ein Vertrauensvorschuss. Beim klassischen Baumhaus müssen wir unserem Kind vertrauen, dass es nichts macht, was zu gefährlich ist. Aber wir müssen auch darauf vertrauen, dass es zu uns kommt, wenn ein Ast morsch wird oder das Baumhaus wackelt. Beim digitalen

Baumhaus ist es ähnlich. Wir können nicht alles und jede Gefahr absolut vermeiden, aber wir können die Kinder ermutigen, zu uns zu kommen, wenn sie unsicher sind oder für sie schlimme Dinge gesehen haben. Kinder stolpern im Internet oft zufällig über pornografische Inhalte oder Gewaltvideos, ohne nach diesen gesucht zu haben. Für eigene digitale Abenteuer braucht es Vertrauen als Grundbaustein. Nur daraus kann das Fundament des digitalen Baumhauses bestehen.

Vertrauen ist manchmal eine schwierige Sache. Wenn wir abends unser Kind ins Bett bringen, können wir darauf vertrauen, dass es morgen noch da ist. Schließlich ist unsere Wohnungstüre zu und wir liegen im Zimmer nebenan. Das ist eine Situation, die wir kennen, und hier fällt es uns nicht schwer zu vertrauen. In der weiten Welt des Internets sieht dies oft anders aus. Oft können wir nicht einmal uns selbst vertrauen. Die meisten kennen das: Der Plan war eigentlich, nur schnell fünf Minuten E-Mails durchzuschauen. Knapp drei Stunden später hat man eine Folge der Lieblingsserie auf Netflix gesehen, ein Paar Schuhe bestellt und über zwei Videos von Skateboard-fahrenden Hunden mit Sonnenbrillen auf YouTube gelacht. Das Internet hat uns durch seine unendliche Masse an Inhalten von unserem Plan abgebracht. Wir zweigen gerne ab und Kindern geht es ähnlich. Zwischendurch sind wir jedoch auch über Inhalte gestolpert, die für Kinder nicht geeignet wären. Neben den Skateboard-fahrenden Hunden wurden Videos von Autounfällen vorgeschlagen und Amazon verkauft nicht nur Schuhe, sondern zeigt uns auch Sexspielzeug.

Das Internet ist eine digitale Welt, die – anders als die analoge – keine Zäune kennt. Dem Internet können wir nicht vertrauen, es entzieht sich unserer Kontrolle. Darum fällt es aber auch manchmal schwer, Kindern zu vertrauen. Wir können zwar technische Sperren errichten, diese wirken jedoch niemals zu 100 Prozent und lassen sich leicht überwinden. Selbst wenn wir in bester Absicht für unser Kind eine Sperre aktivieren, kann es vielleicht bei seiner besten Freundin das Internet ohne jeden Filter nutzen. Wir brauchen also einen anderen Weg, der uns einerseits diesen Vertrauensvorschuss ermöglicht und andererseits genug Sicherheit gibt.

Wie steht es um Ihr Vertrauen zu Ihrem Kind?
Gab es in Ihrer Kindheit Zeiten, wo Ihre Eltern Ihnen weniger vertraut haben? Oder gar Sie den Eltern?

Vertrauen kann nur auf beiden Seiten entstehen. Kinder leisten hierzu ihren Beitrag, aber auch wir als Eltern sind gefragt. Wie entsteht Vertrauen? Wir können uns der Inhalte im Internet nicht sicher sein. Dieser Tatsache müssen wir uns bewusst sein. Wir können gewalttätige und pornografische Inhalte nicht verhindern. Cybermobbing kann stattfinden, selbst wenn wir alle erdenklichen Filter der Welt einstellen und die Handys unserer Kinder täglich kontrollieren. Werbung für Glücksspiel wird unsere Jugendlichen erreichen und fast wöchentlich wird es neue Computerspiele geben, die noch umstrittener sind als die der letzten Woche.

Ähnlich wie mit dem Baumhaus bietet sich hier der Vergleich mit dem Schulweg an. Unsere Kinder bewältigen den Schulweg ab einem gewissen Zeitpunkt alleine, selbst wenn sie dafür mit der Straßenbahn fahren oder eine stark befahrene Straße queren müssen. Auch am Weg zur Schule kann immer etwas schiefgehen (auch deswegen geben wir ihnen ein Smartphone mit auf den Weg), aber wir wissen, dass sie sich melden, falls etwas passiert. Genau hier ist unsere Chance, gemeinsam mit unseren Kindern die digitale Welt zu erleben. Wir müssen den Kindern immer wieder und sehr deutlich Mut machen, zu uns zu kommen, wenn etwas passiert oder sie unsicher sind.

Wenn es um digitale Inhalte geht, melden sich Kinder und Jugendliche oft sehr spät oder gar nicht bei ihren Eltern. Dies hat mehrere Gründe, die wir uns im Folgenden einzeln anschauen wollen (und auch gleich versuchen werden, etwas dagegen zu unternehmen).

1. Jugendliche glauben, ihre Eltern wissen nichts über das Internet

»Mama, die anderen in der Klasse haben Klaus auf Snapchat und Insta gemobbt.« Wer hat was wo gemacht, fragen sich manche Eltern. Oft erzählen Kinder nichts von schlimmen Erfahrungen, weil sie der Meinung sind, dass ihre Eltern ohnehin nicht verstehen, worum es geht. Hier zeigt sich, wie wir als Eltern den Anschluss zu unseren Kindern in der digitalen Welt verloren haben. Wir kennen nicht alle Social Media Plattformen oder die neueste App. Wenn wir sie doch kennen, wissen wir nicht immer, was dort genau passiert oder was die Faszination ausmacht. Und falls wir selbst auf diesen Plattformen sind, nutzen wir sie anders als die Kinder.

Aber wir müssen als Eltern nicht alles über die digitale Welt wissen. In vielerlei Hinsicht gelten online die gleichen Regeln wie offline. Ich darf offline niemanden mobben oder fertigmachen, also darf ich es online auch nicht. Die Dienste, Spiele und Plattformen, die Kinder nutzen, ändern sich sehr schnell. Die Grundregeln aber bleiben immer gleich. Deswegen ist es wichtig, dass wir mit Kindern über genau diese Regeln sprechen. In den Abschnitten »Begleiten« und »Begrenzen« wird darauf noch näher eingegangen.

Der Lösungsansatz: Für Kinder ist es wichtig, dass wir ihnen zwei Dinge vermitteln. Einerseits, dass wir nicht alles wissen müssen, um ihnen helfen und zuhören zu können. Die meisten Menschen wissen nicht genau, wie ein Verbrennungsmotor funktioniert. Dennoch können sie sich gut im Straßenverkehr bewegen. Detailliertes Wissen ist nicht notwendig, um Grundregeln einhalten zu können. Und falls wir uns nicht sofort konkret auskennen, haben wir immer die kleinen Expertinnen und Experten an der Hand: die Kinder selbst. Die meisten Kinder und Jugendlichen zeigen gerne neue Apps, Plattformen und Spiele her, wenn sie spüren, dass ihre Eltern ernsthaft daran interessiert sind und nicht zu Kontrollzwecken einen Blick hineinwerfen möchten. Andererseits müssen wir ihnen klarmachen, dass offline und online dieselben Grundregeln im Zusammenleben gelten. Denken Sie daran: Virtuell ist auch real. Damit gibt es so etwas wie virtuelle Gewalt nicht. Gewalt ist immer Gewalt, egal in welchem Raum sie stattfindet. Die Grundregeln für ein menschliches Zusammenleben haben sich für die digitale Welt nicht verändert. Sie werden dort immer wieder verletzt oder ignoriert, sind jedoch nicht aufgehoben. Dies bildet sich auch zunehmend in der internationalen gesetzlichen Lage ab: Cybermobbing und Cyberstalking beispielsweise sind zunehmend Strafbestände, die als solche auch anzeigbar sind. Unsere Aufgabe ist es, Kindern in Gesprächen, Diskussionen und als lebende Modelle klarzumachen, dass das Internet kein rechtsfreier Raum ist. Wenn dieser Transfer gelingt, kann viel digitalisierte Gewalt verhindert werden. Im späteren Teil des Buches widme ich diesem Thema noch ein ausführliches Kapitel.

2. Jugendliche glauben, ihre Eltern interessieren sich nicht für ihre digitale Lebenswelt

Der zweite Punkt ist dem ersten sehr ähnlich. Kinder haben oft das Gefühl, dass ihre Eltern sich ohnehin nicht für ihre digitale Lebenswelt interessieren. Wenn wir als Eltern dieses Gefühl vermitteln, werden Kinder nicht dazu ermutigt, zu erzählen und uns einen Einblick in ihre Welt zu geben. Ein Beispiel dazu: Wenn wir uns dafür interessieren, was in der Schule passiert, werden wir erfahren, wenn etwas nicht passt oder das Kind schlechte Noten hat. Wir hören, wenn Mitschülerinnen und Mitschüler gemein sind. Wenn uns aber egal ist, was dort passiert (oder wir dem Kind das Gefühl vermitteln, dass es uns egal ist), werden wir nicht merken, wenn es Probleme gibt. Das Kind wird dann auch keinen Ansporn spüren, uns etwas zu erzählen und uns teilhaben zu lassen. Wenn wir das Gefühl vermitteln, dass das, was dort passiert, ohnehin nicht real ist und wir nichts darüber wissen wollen, werden Kinder uns auch nichts erzählen.

In der digitalen Welt verstehen wir oft nicht, was an YouTube-Videos oder YouTube-Stars lustig oder interessant sein könnte. Vielleicht kennen wir den Messengerdienst Snapchat nicht (immerhin inzwischen einer der am schnellsten wachsenden Sofortnachrichtendienste). Wir finden die Inhalte schwachsinnig (und sagen das unseren Kindern auch) und erklären ihnen, dass das alles ohnehin Zeitverschwendung ist und nichts bringt. Würde unsere beste Freundin so etwas über unser Lieblingshobby sagen, hätten wir wahrscheinlich einen handfesten Streit – oder würden einfach aufhören, von etwas zu erzählen, was uns am Herzen liegt.

Helena kam zu mir in Therapie, weil sie in ihrer Kindheit und frühen Jugendzeit in Klassen immer wieder Gewalt in Form von

Cybermobbing erfahren hatte. Von Anfang an war Helena äußerst verschlossen. Die Therapiestunden waren anstrengend: Nach meiner Anfangsfrage, wie es ihr an dem Tag ginge, gab es ein kurzes Schulterzucken und dann herrschte manchmal 40 – 45 Minuten Stille. Ich versuchte nach allen Regeln der therapeutischen Kunst, Helena dazu einzuladen, zu erzählen und zu berichten, es wollte mir aber nicht gelingen. Nach einigen Stunden frage ich sie, was sie denn eigentlich gerade lieber machen würde, als hier zu sitzen. Ihre Antwort: Animes auf Netflix schauen. Wenn es eine Serien- und Filmkategorie gibt, mit der ich persönlich nichts anfangen kann, dann ist das Anime (eine aus dem Japanischen stammende Form von Zeichentrickfilmen). In der nächsten Stunde hatte ich meinen Laptop mitgebracht und Helena zeigt mir ihre Lieblingsanimes. Das sonst so stille Mädchen taute plötzlich auf. Für Animes interessierte ich mich immer noch nicht, aber sie konnte spüren, dass ich mich dafür interessierte, was ihr an Animes so gut gefiel. Die weitere Therapie war immer wieder nicht ganz unkompliziert, aber mit diesem Einstieg in ihre Lebenswelt und meinem ernstgemeinten Interesse gelang es plötzlich, Kontakt herzustellen und Eintritt in ihre Welt zu bekommen.

Dies bedeutet nicht, dass wir jedes Video und jedes Spiel toll finden müssen. Natürlich steht es uns zu, Inhalte auch zu bewerten oder zu kritisieren. Aber wir müssen die Faszination der Kinder verstehen und uns für das interessieren, was dort passiert. Wenn wir es nicht verstehen, haben wir die besten Expertinnen und Experten an unserer Seite: unsere Kinder. Sie lieben es, herzuzeigen und zu erklären. Hier sind sie die Fachfrauen und Fachmänner und uns als Elterngeneration um Längen voraus. Dort, wo wir uns etwas von ihnen zeigen lassen, begleiten wir sie, ganz ohne Kontrolle und Regelregime. Wir können in die Welt der Kinder eintauchen und sie besuchen. Um die Faszination der Kinder besser zu verstehen, sollten wir als Eltern auch einen Blick in diese Welt werfen und dabei gleich die Kinder um Erklärungen bitten.

3. Jugendliche haben Angst vor der Reaktion ihrer Eltern

Oft erzählen Kinder zuhause nichts von schlimmen Vorfällen, da sie sich vor der Reaktion der Eltern fürchten. Wenn ein Nacktbild von einem Kind in der Schule die Runde macht oder Kinder von Klassenkollegen gemobbt werden, schweigen sie, weil sie Angst haben, die Eltern könnten wütend auf sie oder von ihnen enttäuscht sein. Manchmal wird auch nichts erzählt, weil die Scham gegenüber den Eltern verständlicherweise groß ist. Manchmal kommt es auch zu Schuldzuweisungen: »Du bist ja selbst schuld, wenn so ein Foto von dir die Runde macht. Hättest du es halt nicht verschickt.« Diese Art von Schuldzuweisung kann dazu führen, dass Kinder nicht erzählen, wenn etwas passiert ist. Kinder haben Angst, dass ihre Eltern an die Decke gehen oder kein Verständnis haben.

Genau hier liegt auch die Lösung. Vor jeder Konsequenz und Maßnahme und vor jedem nächsten Schritt brauchen Kinder vor allem eines: Verständnis. Verständnis dafür, dass manchmal Dinge schief gehen und es ungewollte Vorfälle geben kann. Verständnis dafür, dass Fehler passieren und wir manchmal unüberlegte Entscheidungen treffen. Wenn Kinder spüren, dass dieses Verständnis existiert, trauen sie sich auch, etwas zu sagen. Wenn sie wissen, dass es kein Verständnis, sondern Strafe und Konsequenzen gibt, werden sie eher versuchen, das zuzudecken, was passiert ist. Damit müssen wir uns auch von der Idee trennen, dass etwas oder jemand schuld sein muss. In manchen

Situationen ist die Schuldfrage einfach zu klären: Eine Klassenkollegin hat ohne Erlaubnis ein Nacktbild ihres besten Freundes an die Klassengruppe versandt. Aber nur wenige Geschichten sind so schwarzweiß wie diese. Ein Kind, das aus Versehen ein Abo abschließt oder Geld über die Kreditkarte der Eltern ausgibt, ist sich oft der Konsequenzen gar nicht bewusst. Auch in Cybermobbingsituationen kommt es immer wieder zu Dynamiken, die nicht im Vorhinein abschätzbar sind. Im Internet kann schnell das Gefühl entstehen, etwas falsch gemacht zu haben, vor allem dann, wenn das Smartphone in der Erziehung immer schon als Ort von Gefahr gesehen wurde. Mit diesem Gefühl, einen Fehler begangen zu haben, trauen sich Kinder dann oft nicht zu den Eltern.

Manche Kinder trauen sich zuhause nie etwas von Mobbing oder anderen Gewalterfahrungen zu erzählen. Hier liegt das Problem. Unsere Aufgabe als Eltern ist es, Kindern das Gefühl zu geben, dass sie mit allem immer zu uns kommen können. Dass sie keine Angst vor unserer Reaktion haben müssen, wir uns Mühe geben, ihnen aufmerksam und liebevoll zuhören und zuerst mit Verständnis entgegenzukommen.

Verständnis bedeutet nicht, dass wir alles gutheißen. Verständnis bedeutet, dass es für Geschehnisse einen Grund gibt und wir das Passierte im Nachhinein nur schwer ändern können. Hier müssen wir manchmal zwei Dinge trennen, nämlich das Kind von dem was passiert ist. Zuerst braucht unser Kind Verständnis, für das, was es gerade erlebt. Das könnte Ärger sein oder Trauer, vielleicht auch Angst oder Verzweiflung. Aber nicht alle Taten brauchen unser Verständnis, nicht alles was passiert, ist auch in Ordnung. Das Verständnis der Eltern muss der Not des Kindes gelten. Wenn wir unserem Kind wirkliches Verständnis geben und Einsicht zeigen, merken wir, dass es oft kaum noch Grund gibt, böse zu sein. Unsere Kinder brauchen Unterstützung und Hilfe. Sie brauchen keine ausufernden emotionalen Reaktionen von ihren Eltern, vor allem dann, wenn sie sich ohnehin gerade in einer schwierigen Situation befinden. Für jedes Verhalten haben Kinder einen für sie guten Grund. Vielleicht finden wir den Grund nicht immer gut, aber ein Perspektivenwechsel kann hilfreich sein, um die Dinge aus Sicht der Kinder besser zu verstehen.

Elisabeth hat es in der Therapie auf den Punkt gebracht. Ich habe sie gefragt, warum sie den Eltern nichts vom Cybermobbing in der Klasse erzählt hat. Staubtrocken hat sie geantwortet: »In dem Moment, wo ich zuhause etwas erzählt hätte, hätten meine Eltern die Direktion, die Polizei, die Cobra, das Militär und die anderen Eltern angerufen. Mir hätte niemand mehr zugehört.«

4. Jugendliche wollen sich und andere vor den Konsequenzen schützen

Dieser Punkt schließt beinahe nahtlos an den vorhergegangenen an. Kinder haben oft nicht nur Angst vor der unmittelbaren Reaktion ihrer Eltern, sondern auch vor den möglichen Konsequenzen. Häufige Konsequenzen sind, dass Eltern die Eltern von anderen involvierten Kindern anrufen, der Schule eine wütende E-Mail schreiben, zur Polizei gehen und Anzeige erstatten oder das Kind gegen seinen Willen zu einer Beratungsstelle bringen. Dort soll das Kind dann unfreiwillig das Geschehene erzählen. Diese Geschichten sind für die Kinder manchmal jedoch sehr schambesetzt und unangenehm, besonders wenn es beispielsweise um Nacktbilder geht. Kinder und Jugendliche haben auch immer wieder Sorge vor der Klasse als jemand dazustehen, der andere verpfeift. Hier kann es auch passieren, dass das Kind gleich wieder zum Opfer wird, Freundinnen und Freunde verliert oder keine Geheimnisse mehr erfährt. In vielen dieser Fälle wird das Kind – das vielleicht einen Fehler gemacht hat oder zum Opfer von Mobbing wurde – wieder zum wehrlosen Opfer gemacht. Die Eltern reagieren aufgrund von eigener Angst und Panik ohne Absprache mit dem Kind. Das Kind erlebt dann vielleicht eine ähnliche Hilflosigkeit wie in der Mobbingsituation. Wieder ist die Situation für das Kind außer Kontrolle geraten. Um schon im Vorhinein unabsehbare Konsequenzen zu vermeiden, sagen die Kinder manchmal lieber erst gar nichts. Eventuell haben sie auch schon in der Schule selbst erleben müssen, wie es ist, wenn jemand einen Vorfall zuhause berichtet und anschließend im schlechtesten Fall vor der Klasse bloßgestellt wird.

Nach einem Mobbingvorfall in der Schule wurde Klaus, der in diesem Fall Opfer von Mobbing wurde, das Handy weggenommen. Klaus hat nichts falsch gemacht, wird aber bestraft. Ähnlich ist es bei schwierigen Themen wie Nacktbildern oder Formen von digitaler Gewalt. Kinder sprechen nicht mit ihren Eltern, da sie Angst vor Bestrafung haben oder sich davor fürchten, dass die Eltern über ihren Kopf hinweg entscheiden, was als nächstes zu tun ist. Manchmal wirken Konsequenzen für Kinder auch willkürlich. Warum sollten sie bestraft werden, wenn sie doch in ihren Augen nichts falsch gemacht haben? Hier gilt es genau hinzusehen: Hat das Kind sich anvertraut und braucht Unterstützung und Zuspruch statt Strafe? Oder hat das Kind tatsächlich etwas so Schlimmes gemacht, dass eine Form von Konsequenz angebracht ist? Es braucht großen Mut, über schwierige Erlebnisse oder Situationen zu sprechen, und es ist wichtig, dass wir diesen Mut der Kinder auch würdigen.

Der Lösungsansatz: Falls etwas passiert und Ihr Kind so mutig ist, mit Ihnen zu sprechen, fragen Sie, was Sie als nächstes tun sollen. Sprechen Sie die nächsten Schritte mit Ihrem Kind ab. Fragen Sie das Kind, was es möchte und wie Sie helfen können. Loben Sie das Kind für seinen Mut, über schwierige Dinge zu sprechen. Genau diese klaren und transparenten nächsten Schritte helfen dem Kind, sich auf das weitere Vorgehen einzustimmen und es auch mitzugestalten. Gerade wenn ein Kind eine Situation beispielsweise durch Mobbing als unkontrollierbar erlebt, ist es besonders wichtig, dass die nächsten Schritte für das Kind kontrollierbar wirken.

Selbstverständlich gibt es Fälle von Gefahr in Verzug (beispielsweise falls Sie befürchten müssen, dass ein Kind sich etwas antun könnte), wo es nicht möglich ist, jeden Schritt detailliert mit Ihrem Kind zu besprechen. Im Großteil aller Fälle ist dies jedoch möglich und für die Kinder eine unglaubliche Erleichterung. Dann nehmen wir unsere Kinder ernst, achten ihre Wünsche und Entscheidungen und fördern sie in ihrer Fähigkeit, Situationen einzuschätzen und entsprechend zu handeln.

Vertrauen braucht viel Arbeit und entsteht nicht auf magische Art von selbst. Kinder haben oft Angst, ihren Eltern etwas zu erzählen, weil sie sich vor der Reaktion der Eltern fürchten. Wenn es uns gelingt, sensibel zu sein und nach und nach Vertrauen aufzubauen, ist übermäßige Kontrolle oft nicht notwendig. Damit lernen Kinder auch, dass sie sich melden dürfen, wenn es Probleme gibt – egal was passiert ist.

WAS PASSIERT DA IM INTERNET?

Eine häufige Frage, die Eltern stellen, ist, was Kinder eigentlich so im Internet machen. Eine Frage, die sich sehr allgemein mit einer Liste an gängigen Apps beantworten lässt. Sie lässt sich jedoch auch in einem einfachen Satz beantworten: Sie entdecken die Welt der digitalen Medien, und zwar auf ihre eigene Art und Weise. Das ist eine Besonderheit des Internets. Mein Zugang und Umgang mit dem Internet unterscheiden sich von dem meines Kindes oder dem einer anderen Person. Wir alle nutzen unsere Geräte und ihre Möglichkeiten unterschiedlich. Durch die Geräte erhalten wir Zugang zu einer eigenen Welt, einer virtuellen Welt, die nicht weniger real ist als die physische Realität selbst. In dem Moment, in dem wir das erste Mal unser Smartphone in die Hand nehmen, öffnen wir die erste Tür. Mit jedem Schritt in diese digitale Welt erschließen wir uns einen neuen Raum, oft in einem rasanten Tempo.

Kinder spielen Spiele, nutzen Social Media und schauen Videos auf YouTube. Sie schreiben mit ihren Freundinnen und Freunden auf WhatsApp, verschicken Selfies oder posten Bilder auf Instagram. Sie machen Videos für TikTok (vormals Musical.ly), fotografieren Haustiere, hören Musik (inzwischen auch größtenteils mittels YouTube oder Streaming-Anbietern wie Spotify) oder finden Hilfe bei der Hausaufgabe – auch auf YouTube.

Das Smartphone spielt dem angeborenen Entdeckersinn von Kindern massiv zu. Es gibt immer etwas zu erforschen; immer etwas Neues, das noch nicht entdeckt wurde. Um ein Verständnis für Kinder aufzubringen, finde ich es oft hilfreich, über spezifische Apps zu sprechen sowie Sicherheitseinstellungen und technische Möglichkeiten zu diskutieren. Unser Verständnis wird auch gestärkt, wenn wir die Frage nach dem, was Kinder im Internet machen, so beantworten: Sie entdecken.

Erst unser Entdeckersinn ermöglicht es uns, die Welt um uns herum zu erschließen. Neue Dinge üben eine Faszination auf uns aus. Der Mensch will verstehen, wie die Welt funktioniert. Was befindet sich um die nächste Ecke? Was passiert, wenn ich auf diesen Knopf drücke? Was kommt im nächsten Video? Kinder zerlegen ihr Spielzeug, sie werfen es auf den Boden, um zu schauen, welches Geräusch es macht. Irgendwann wird ein bestimmtes Spielzeug langweilig und es entsteht der Wunsch nach etwas Neuem. Hinzu kommt noch, dass Kinder oft viel weniger negative Vorerfahrungen haben. Mit dem Medium Internet und dem Smartphone als Gerät gehen sie vollkommen natürlich und unbedarft um. Sie denken nicht an Abofallen, an Internetpornografie, an kostenpflichtige Spiele. Vor allem kleine Kinder sind in ihrem Entdeckersinn ungebremst unterwegs. Das Internet mit seinen Millionen an Möglichkeiten ist wie für diesen Entdeckersinn geschaffen.

Mit dem Internet hat die Menschheit eine Technologie geschaffen, die sich im Minutentakt neu erfindet. Nichts ist zweimal gleich. Während ich ein Video schaue, sind schon zehn weitere interessante Videos in meiner Playlist erschienen, die auch angesehen werden wollen. Der Zustrom an Neuigkeiten, an Inhalt (sogenanntem Content) ist unbegrenzt. Dies führt dazu, dass die einzelne Person für sich Grenzen setzen muss. Während früher das Fernsehprogramm beschränkt war oder ab dem späteren Abend gar nichts mehr gesendet wurde, ist heutzutage der Inhalt schon überholt, während wir ihn konsumieren. Das Internet bietet immer etwas Neues, das es zu entdecken gibt. Es reagiert unmittelbar auf unsere Wünsche, passt sich unseren Vorlieben an und füttert uns nur mit dem, was wir sehen wollen – vor allem aber mit immer mehr davon. Wer nicht lernt, sich selbst in diesem Überangebot zu begrenzen und ein digitales Sättigungsgefühl zu entwickeln, läuft Gefahr, sich zu überessen und sich im Digitalen zu verlieren.

Selbstverständlich sind alle großen Dienste eifrig darum bemüht, uns bei der Stange zu halten (mehr dazu im nächsten Kapitel). Wie kann es uns gelingen, abzuschalten? Wie können wir das auch unseren Kindern beibringen? Ich empfehle hier drei Möglichkeiten:

Durch unsere Vorbildwirkung

Wenn wir unseren Kindern von Anfang an zeigen, dass es spannendere Dinge gibt als das nächste YouTube-Video oder das neueste Computerspiel, zeigen wir ihnen auch, dass es in Ordnung ist, abzuschalten und etwas anderes zu machen. Wir können den Kindern alles liebevoll erklären – Menschen lernen jedoch durch Imitation und unsere Kinder werden uns in vielerlei Hinsicht nachahmen. Wenn wir nicht exzessiv am Telefon sind, jederzeit zurückschreiben, immer abheben, stundenlang YouTube schauen, dann zeigen wir den Kindern andere Handlungsmöglichkeiten. Wenn wir selbst fünf bis sechs Stunden pro Tag Netflix verwenden und nebenbei mit Freunden auf WhatsApp schreiben, dürfen wir uns nicht wundern, wenn unsere Kinder uns folgen. Mehr dazu auch im Kapitel »Wer sind unsere Vorbilder?«

Durch das Schaffen von besseren Alternativen

Wenn es uns als Eltern gelingt, spannende Alternativen zu Smartphone und Tablet zu schaffen, sind diese eventuell interessanter als digitaler Medienkonsum. Das wird uns vielleicht nicht immer gelingen (und das Ziel soll auch nicht sein, Kinder auf ewig von allen digitalen Geräten fernzuhalten), aber oft erzählen mir Kinder und Jugendliche, dass sie gerne andere Dinge machen würden, aber nicht wissen was. Hier sind wir in unserer Verantwortung als Eltern gefragt, brauchbare Alternativen zu schaffen. Kinder brauchen Ausflüge und Abenteuer. All das ist völlig ohne Smartphone möglich, insbesondere dann, wenn alle Familienmitglieder ihre Geräte zuhause lassen. Hier geht es in Familien auch immer wieder darum, Angebote zu schaffen. Wenn wir Internet und Smartphone nicht wegbekommen, können wir dennoch ein Gegenangebot setzen und Kindern zeigen, dass sie mit uns auch »offline« Abenteuer erleben können. Damit kann es gelingen, dass sowohl die digitale als auch die analoge Welt nebeneinander bestehen bleiben und nicht gegeneinander ausgespielt werden müssen. Sollten Kinder Angebote nicht beim ersten Mal nutzen, gilt es hartnäckig zu bleiben und immer wieder einzuladen. Der richtige Zeitpunkt wird kommen.

Durch technische Sperren

Eine dritte Möglichkeit sind natürlich technische Sperren. Hierfür gibt es zahlreiche Apps (die alle nur eine Google-Suche weit weg sind), sowohl kostenlose als auch kostenpflichtige. Diese Apps können sowohl einzelne Websites am Computer sperren als auch Anwendungen direkt am Handy. Die Betriebssysteme von Android und Apple haben solche Kontrollsysteme voreingebaut. Nicht vergessen: Jede technische Sperre lässt sich selbstverständlich umgehen. Auch hier ist die Antwort meist nur eine Google-Suche entfernt. Findige Kinder und Jugendliche hebeln die meisten Sperren in wenigen Stunden aus. Außerdem gibt es am Handy der besten Freundinnen und Freunde vielleicht keine technischen Sperren. Dort kann dann alles angeschaut werden. Spätestens mit zehn bis elf Jahren sind Kinder problemlos in der Lage, jede technische Sperre zu deaktivieren.

Dem Entdeckersinn von Kindern halten wir also besser spannendere Entdeckungen entgegen als technische Sperren.

> **Kinder entdecken die digitale Welt. Der menschliche Entdeckersinn findet im Internet den perfekten Spielplatz. Um diesem digitalen Sog aus ständig neuen Inhalten zu entgehen, empfiehlt es sich, dass wir auf unsere Vorbildwirkung achten, spannende Alternativen schaffen und eventuell auch technische Sperren einsetzen. Jede Sperre lässt sich jedoch umgehen, es braucht also auf Dauer andere Methoden.**

INFORMATION IST BELOHNUNG

Das Internet als Medium und das Smartphone als Technologie spielen in ihrer Unbegrenztheit auch unserem Wunsch nach Sicherheit in unserer unmittelbaren Umgebung in die Hände. Das Gehirn ist auf Selbsterhaltung ausgerichtet. Neue Informationen über die Welt geben uns Sicherheit und haben uns evolutionsbiologisch geholfen, zu überleben. Es war von Vorteil nachzusehen, was hinter dem Busch raschelte. War es ein Säbelzahntiger, konnten wir fliehen oder kämpfen – schauten wir jedoch nicht nach, wurden wir womöglich negativ überrascht. Die gleichen Mechanismen wirken – wenn auch subtiler – bei jedem Läuten oder Vibrieren des Smartphones. Beschäftigt man sich nicht sofort mit der neu eingetroffenen Benachrichtigung, so findet man auch nicht heraus, ob das, was lauert, negative oder positive Konsequenzen hat. Wir sind heutzutage viel mehr als jemals zuvor dazu aufgefordert, Unsicherheit auszuhalten – gerade weil das Internet einen ständigen Informationsfluss ermöglicht und damit sowohl laufend Unsicherheit als auch Sicherheit in unser Leben bringt. Ein Signal des Smartphones löst eben jene innere Spannung aus, als ob es im Gebüsch rascheln würde. Wir überlegen, was passiert sein könnte, und fragen uns, ob es wichtig ist, worum es gehen könne, ob es vielleicht sogar die Nachricht sei, auf die wir gewartet haben. Es folgt der Griff nach dem Gerät, ein schneller Blick und die Entwarnung. Alles in Ordnung. Es war die beste Freundin, die ein Foto von ihrem Urlaub auf den Seychellen geschickt hat. In unserer inneren Welt ist wieder Sicherheit hergestellt. Die leichte Anspannung, die wir gespürt haben, hat sich wieder gelöst. Das Gehirn kann sich an dieses »Erleichterungsgefühl« relativ rasch gewöhnen und sucht es dann immer wieder.

In einem einfachen Schnelltest kann der eigene Gewöhnungsfaktor getestet werden. Ändern Sie auf Ihrem Smartphone den PIN-Code oder deaktivieren Sie Fingerabdruck- beziehungsweise Gesichtsscanner. Beim nächsten reflexhaften Entsperren des Smartphones werden Sie nicht weiterkommen. Diese kleine Übung hilft uns wahrzunehmen, wie oft wir nach unserem Smartphone greifen, um schnell etwas nachzuschauen, und wie automatisiert diese Handlung ist. Eine andere Reflexionsmöglichkeit: Angenommen Sie fahren in die Arbeit und bemerken plötzlich, dass Sie Ihr

Smartphone vergessen haben. Wie weit wären Sie bereit zurückzufahren, um es noch zu holen? Zehn Minuten? 20? Vielleicht sogar 30 Minuten?

Wir befinden uns in einem Spannungsfeld zwischen zwei uralten Mechanismen, die beide durch unsere neuen Technologien bedient werden. Der Wunsch nach Sicherheit und der Wunsch, die Welt zu entdecken, können durch den Zugang zum Internet mittels eines Smartphones gleichzeitig bedient werden.

Bevor es uns gelingen kann, diesen sogartigen Einfluss des Internets auf uns zu ändern, ist es wichtig, Wirkmechanismen der digitalen Medien zu verstehen und für uns selbst zu reflektieren. Erst wenn eine gute Wahrnehmung dessen, was in mir vorgeht, gelingt, kann ich willentlich etwas daran ändern. Diese Verhaltensmuster funktionieren für große Technikfirmen eben deswegen so gut, weil sie unbewusst passieren. In dem Moment, in dem ich das System hinter den Mechanismen durchschaue, kann es gelingen, Abstand zu nehmen.

Hier ein paar Beispiele, wie Sie jeden Tag mit einem fortlaufenden Strom an Entertainment und Information berieselt werden, der darauf zugeschnitten ist, Sie bei der Stange zu halten:

Gamification

Gamification ist wohl momentan einer der am häufigsten genutzten Tricks, um Menschen am Bildschirm zu halten. Ursprünglich entstand Gamification (von Englisch »Game« als »Spiel«, wörtlich übersetzt »Spielifizierung«) als Technik, um anstrengende Tätigkeiten mit Belohnungen zu verknüpfen und damit Motivation zu schaffen. Ein Beispiel dafür ist die Khan

Academy. Bei der Khan Academy können online kostenlos Kurse in unterschiedlichen Themenbereichen absolviert werden, beispielsweise Mathematik, inklusive Erklärvideos und Übungen. Wenn ein User eine gewisse Anzahl an Übungen erfolgreich absolviert hat, erhält er einen sogenannten Badge, also ein Abzeichen, als Belohnung. Dieses Abzeichen ist dann auch für andere User sichtbar. Das Lösen von Aufgaben bekommt damit den Charakter eines Spiels und wird direkt mit Belohnungen verknüpft. Diesen Mechanismus nutzen zahlreiche Dienste in diversen Gebieten. Snapchat tut dies beispielsweise mit den im Kapitel »Virtuell ist Real« beschriebenen »Snapstreaks«, die als Motivations- und Belohnungselemente ein tägliches Versenden von Nachrichten erfordern. Wenn Sie das Internet und diverse Apps mit offenen Augen nutzen, werden Sie häufig Gamification-Elemente finden. Bei Amazon sind dies die »Top Rezensenten«, die extra ausgezeichnet werden, weil sie besonders viele Produktbewertungen schreiben; bei der Onlinespieleplattform Steam sind es Abzeichen, die wie Medaillen getragen werden können.

Endless Scroll

Eine der effizientesten Erfindungen der letzten Jahre ist die Technik des Endless Scroll. Endless Scroll bedeutet nichts anderes, als dass sich eine Website am unteren Bildschirmrand ständig um neue Informationen erweitert. Ein Beispiel, das die meisten kennen, ist Facebook. Bei Facebook kann ich nie an das Ende meines News Feed kommen; neue Inhalte werden immer automatisch nachgeladen. Dieses Feature findet sich inzwischen bei vielen Nachrichtenseiten, aber auch bei Instagram oder Twitter. Der Effekt: Es gibt immer etwas Neues zu sehen. Wir bekommen ununterbrochen Inhalte präsentiert, die wir noch nicht kannten, und sind damit länger an eine Website oder Plattform gebunden.

Autoplay

Autoplay war eine Entwicklung, die, nachdem sie begonnen hatte, nicht mehr zu stoppen war. Autoplay kennen Sie von Netflix, Amazon Prime und YouTube. Sobald Sie ein Video beenden, beginnt ein Countdown von einigen Sekunden. Ist dieser abgelaufen, beginnt automatisch das nächste Video. Mit dieser Funktion werden ständig neue Videos geliefert und unsere Neugierde wird aufs Neue geweckt. Der Aufwand, einen Klick extra zu machen, wird uns abgenommen, damit aber eben auch die mentalen Ressourcen, die wir für eine Entscheidung für oder gegen ein neues Video brauchen würden. Hier findet sich Forschung aus der Verhaltensökonomie in praktischer Anwendung, mit der der israelische Psychologe Daniel Kahneman weltberühmt wurde.

Bei den großen Tech-Giganten wie Facebook, Google und anderen arbeiten tausende Menschen an der Entwicklung dieser Features. Ihr einziger Auftrag ist es, uns länger am Bildschirm bzw. auf der Website zu halten. Ein längerer Aufenthalt bedeutet, dass wir mehr Werbung konsumieren und mehr verwertbare Daten generieren. Mit modernen Analysetools ist es möglich, unsere Bewegungen auf Websites bis ins kleinste Detail auszuwerten. Sobald beispielsweise YouTube die Funktion Autoplay aktiviert, kann ermittelt werden, dass wir im Schnitt einige Minuten mehr auf YouTube verbringen. Die Entscheidung, weiter zu schauen, ist leichter als die Entscheidung aufzuhören – diese braucht einen bewusst gesetzten Klick und damit mehr Willensstärke als die andere Variante. Information als Belohnung wird von Unternehmen bewusst genutzt, um

Kundenbindung zu erschaffen. Als Userinnern und User müssen wir uns darüber im Klaren sein, dass wir gegen solche Mechanismen chancenlos sind. Der Großteil dieser Technologien ist nicht sichtbar und für die Entwicklung solcher Funktionen werden Milliarden an Euro von großen Unternehmen investiert. Als einzelne Nutzerinnen und Nutzern stehen wir damit tausenden Entwicklerinnen und Entwicklern gegenüber, die über nahezu unbegrenzte technische und finanzielle Ressourcen verfügen. Gerade deswegen ist es besonders wichtig, dass wir unsere Nutzung reflektieren, mit Kindern darüber sprechen und immer wieder mit gutem Beispiel vorangehen.

Wenn uns das bewusst ist, können wir die Mechanismen erkennen und zumindest im Ansatz durchschauen. Dann können wir auch die vermeintlich praktische Autoplay-Funktion deaktivieren oder bemerken, dass die Belohnungsfunktion einer App uns nicht belohnen will, sondern nur zum Ziel hat, dass wir möglichst lange dranbleiben, um Werbung zu konsumieren und verkaufbare Daten zu generieren.

Einige praktische Tipps

Lagern Sie Ihr Smartphone möglichst weit weg vom Körper. Das ständige Herumtragen trainiert uns und der Blick aufs Smartphone ist verführerisch. Wenn ich etwas nicht bei mir habe, kann ich auch nicht reflexartig darauf schauen. Wenn ich, um einen Blick auf mein Smartphone machen zu können, erst eine Lade öffnen muss, ist dies ein viel bewussterer Prozess. Oft ist schon ein Selbstversuch von einem Tag ausreichend, um eine Veränderung zu spüren. Wie automatisch greifen wir dann in unsere Hosentasche und finden das Smartphone nicht an seinem gewohnten Platz. Diese Unterbrechung hilft dem Gehirn, eine Handlung bewusst zu machen und diese zu reflektieren.

Schalten Sie Ihr Smartphone auf lautlos und deaktivieren Sie vielleicht sogar die Vibrationsfunktion. Wo nichts leuchtet oder vibriert, dorthin lenken wir auch weniger Aufmerksamkeit. Verpasste Anruferinnen und Anrufer lassen sich meist gut zurückrufen. Vor allem plötzliche, laute Geräusche in der Umwelt sind eigentlich Warnsignale für eine drohende Gefahr. Ein läutendes und vibrierendes Smartphone ist eine Ablenkungsmaschine. Unternehmen entwickeln Signaltöne so, dass sie möglichst Aufmerksamkeit auf sich ziehen, um den Griff zum Smartphone zu automatisieren.

Deaktivieren Sie überflüssige App-Benachrichtigungen. Wir müssen nicht über jeden Facebook-Like gleich informiert werden. In den Einstellungen Ihres Smartphones können Sie detailliert alle Benachrichtigungen steuern. Jede Benachrichtigung, die wir ansehen, erfordert mentale Ressourcen. Diese sind jedoch über den Tag hinweg begrenzt. Ständige Unterbrechungen trainieren das Gehirn auf ein sehr hohes und damit anstrengendes Input-Level. Eine einfache Reflexionsaufgabe ist es, einen Tag alle Benachrichtigung zu beobachten und sich nachher ehrlich zu fragen: Welche war wirklich wichtig? Nämlich wichtig in dem Sinne, dass sie keine weiteren fünf Minuten hätte warten können. Meine Annahme ist, dass wir nicht mehr als ein bis zwei solche Benachrichtigungen pro Tag bekommen – wenn überhaupt.

Information ist für uns immer Belohnung. Wir wollen Sicherheit in der Welt. Smartphones liefern uns schnell und direkt Informationen, sind also in dieser Hinsicht sehr verführerisch. Firmen nutzen diesen Wunsch nach Sicherheit und Information aus. Bestimmte Mechanismen bringen uns dazu, möglichst viel Zeit auf einer App oder

> **Website zu verbringen. Unternehmen können so sicherstellen, dass mehr Werbung konsumiert wird und verkaufbare Daten generiert werden.**

NATURALISIERUNG VON TECHNIK

Wir nutzen täglich unterschiedliche Formen von Technologie. Ein Beispiel aus dem Alltag hierfür ist das Kochen. Ob auf offenem Feuer, am Elektroherd oder am Gasgrill – bei jeder Form des Kochens nutzen wir ganz selbstverständlich Technologie. Das Besondere ist, dass wir Kochen nicht mehr als Techniknutzung wahrnehmen. Andere Beispiele wären Schuhe, Kleidung oder auch eine Lesebrille. Menschen naturalisieren technologische Entwicklungen ganz selbstverständlich. War die schnelle Google-Suche am Smartphone vor hundert Jahren undenkbar, so war sie vor 15 Jahren technologisch möglich, aber eher außergewöhnlich. Jetzt ist diese Form der Informationsbeschaffung eine Selbstverständlichkeit geworden und wird oft nicht mehr bewusst als hochtechnisierte Form der Wissensgewinnung wahrgenommen.

Auf der anderen Seite des Spektrums stehen Technologien, die momentan nur als Visionen denkbar sind. Ein Beispiel hierfür ist die Idee, das eigene Gehirn digital ins Internet hochzuladen und damit eine Form von Unsterblichkeit zu erlangen. An diesen und ähnlichen Technologien arbeiten bereits internationale Firmen, unterstützt von Milliardenbeiträgen von Risikokapitalgebern. Rückblickend wird schnell klar, dass das, was einst Science-Fiction war, bereits zum Alltag geworden ist oder noch werden kann. Jeder, der schon einmal mit einem selbstfahrenden Auto unterwegs war, kann das bestätigen. Technische Entwicklung macht das, was vor Jahren noch als unmöglich galt, innerhalb von kurzer Zeit greifbar. Dieser technologische Wandel beschleunigt sich durch die globale und digitale Vernetzung zunehmend.

> *Ist Ihr Job automatisierbar? Könnte Ihr Beruf gänzlich durch einen Computer erledigt werden?*

Das Internet ist ein Medium, welches noch nicht vollständig von den Menschen naturalisiert worden ist. Noch nehmen wir es als von uns getrennt wahr. Dennoch ist ein Leben ohne Internet nicht nur schwer vorstellbar, sondern in beinahe allen Bereichen unmöglich geworden. Eine Anmeldung zum Studium ist an vielen Universitäten ohne Internet nicht mehr durchführbar. Das Absolvieren der Mittelschule erfordert, dass Kinder E-Homework, also digitale Hausübungen, machen. Die Jahreskarte für öffentliche Verkehrsmittel kann nur gekauft werden, wenn das Formular mit einer E-Mail-Adresse ausgefüllt wurde. Auch die Straßenampel, die Eisenbahn und das Kassensystem im Supermarkt sind mit dem Internet verbunden. Das Internet ist eine vitale Technologie für unser Leben geworden. Es ist zentral für die erfolgreiche Gestaltung des Alltags und die Teilhabe an zahlreichen gesellschaftlichen Prozessen. Dies ist größtenteils eine Entwicklung der letzten zehn Jahre.

Was bedeutet das für Kinder und Jugendliche? Nicht nur, dass sie eine Welt ohne Internet nicht kennen. Für sie ist diese Form von Technologie immer vorhanden gewesen und damit ein ganz zentraler Bestandteil ihrer Lebenswelt. Die digitalen Generationen haben nicht nur das Internet, sondern auch Smartphones und andere technische Geräte bereits viel stärker naturalisiert als die vorhergegangenen Generationen. Ein wenig überspitzt dargestellt würde ein Alltag ohne digitale Technologie bedeuten, ohne Schuhe aus dem Haus zu gehen. Schuhe sind für 24 Stunden verboten. Sie würden sich wahrscheinlich unwohl fühlen. Etwas ganz Zentrales würde fehlen. Sie haben sich an Schuhe gewöhnt. Schuhe waren immer verfügbar, ganz selbstverständlich. Ähnlich empfinden Kinder und Jugendliche der digitalen Generation ihre Geräte und den Zugang zum Internet. Es fällt uns sehr schwer, etwas wegzudenken, was immer vorhanden war.

> *Können Sie sich ein Leben ohne Lichtschalter vorstellen? Oder eine Stadt ohne Autos? Welche Technologie ist für Sie heute alltäglich und war in Ihrer Kindheit oder Jugend fast unvorstellbar?*

Die Naturalisierung dieser Technologien nimmt mit rasantem Tempo zu. Die Kinder, die 2019 geboren werden, kommen in eine Welt, in der die zehnte Generation des iPhones bereits wieder veraltet ist. Laptopklassen sind allgegenwärtig und mehr und mehr Volksschulen unterrichten Programmieren als eigenes Schulfach. Neue Technologien lösen sich damit schnell und in ständig zunehmendem Tempo ab. Das Smartphone, vor zehn

Jahren noch ein außergewöhnliches Gerät, ist vollkommen selbstverständlich geworden. Fernseher stellen Inhalte in 4 K-Auflösung dar, erste Sportarten werden in Virtual Reality übertragen, Videotheken sind gänzlich ausgestorben und Filme und Musik werden immer seltener erworben und viel häufiger digital ausgeborgt. DVD-Player verschwinden aus deutschen und österreichischen Haushalten und die entsprechenden Abteilungen der Technikmärkte im Einkaufszentrum schrumpfen zunehmend. Für viele Kinder ist die Vorstellung, einen Film in einem Geschäft zu erwerben, fast absurd oder überhaupt etwas, von dem sie nicht mehr wissen, dass es möglich ist oder war.

Wenn wir diese technologische Brille aufsetzen, gelingt es uns vielleicht, Kinder und Jugendliche besser zu verstehen. Es geht nicht darum, die neuen Medien zu kritisieren oder zu verbieten. Es gilt zu verstehen, wie natürlich es für Kinder und Jugendliche ist, über Smartphone und Internetzugang zu verfügen. Es ist eine Form der Selbstverständlichkeit, die wir sonst nur von Auto oder Lichtschalter kennen.

> **Der technologische Wandel beschleunigt sich rasant. Eine Welt ohne Technologie und Digitalisierung ist nicht mehr vorstellbar. Für Kinder und Jugendliche sind digitale Medien etwas ganz Normales. Sie sind seit jeher Teil ihres Alltags. Diese Perspektive der Selbstverständlichkeit muss uns als Eltern bewusst sein.**

DIE EIGENE KRITISCHE HALTUNG

Was bedeutet das alles aber für uns? Was machen wir mit diesem rasanten Tempo, der Technologisierung und Naturalisierung und den vielen psychologischen Tricks, die große Unternehmen einsetzen? In einem nächsten Schritt ist es an uns, eine eigene kritische Haltung zu den digitalen Technologien zu entwickeln. Was bedeutet eine kritische Haltung? Kritisch sein bedeutet, auf Basis von Wissen etwas zu hinterfragen oder, falls wir etwas nicht wissen, uns um die entsprechenden Informationen zu kümmern. Haltung bedeutet, eine eigene Position formuliert zu haben und diese auch zu vertreten. Die hohe Kunst dabei ist, dennoch ansprechbar zu bleiben. Die Behauptung, dass alle Smartphones sowie das Internet selbst unnötig seien und von niemandem gebraucht werden, ist keine kritische Haltung. Diese Einstellung bringt den Menschen in eine Position, aus der es nicht mehr möglich ist, mit dem Gegenüber in einen Diskurs zu treten. Die Haltung, dass etwas, was ich nicht gerne mag, ohnehin unnötig und überflüssig ist, lädt nicht zu Diskussion und Meinungsaustausch ein.

Wenn beispielsweise die Position von jemandem ist, dass Autos gänzlich unnötig sind, außer Schmutz, Lärm und Gefahr nichts bringen und eigentlich verboten werden sollten, dann wird niemand mit dieser Person über Autos sprechen wollen. In Bezug auf Medien bedeutet dies, dass eine Haltung, die auf Verbot und Verurteilung basiert, mich für Kinder und Jugendliche nicht ansprechbar macht. Wenn ein Kind schon im Vorhinein weiß, dass Eltern Social Media zur Gänze verurteilen und für unnötig befinden, wird es nicht versuchen, sie vom Gegenteil zu überzeugen. Es wird nicht mit den Eltern über Social Media sprechen.

Wo haben Sie Ihre Eltern als zu kritisch erlebt?
War es dennoch möglich für Sie, mit Ihnen über dieses Thema zu sprechen? Wie haben Sie sich dabei gefühlt?

Es ist jedoch auch möglich, zu unkritisch zu sein. Viele Kinder und Jugendliche installieren bedenkenlos jede neue App, erstellen Accounts auf diversen Plattformen, ohne über Datenschutz nachzudenken oder glauben alles, was sie in einem Video auf YouTube gesehen haben. Diese Einstellung ist auf der anderen Seite des Spektrums angesiedelt. Das kritiklose Übernehmen von Inhalten ohne jede Reflexion ist ebenfalls eine problematische Haltung gegenüber digitalen Medien.

Oft sind es genau diese Polaritäten zwischen Eltern und Kindern, die zu zahlreichen Missverständnissen führen. Während die eine Seite sehr kritisch ist und den Neuen Medien grundsätzlich nicht über den Weg traut, ist die andere Seite unbedarft und probiert alles ohne Rücksicht auf Konsequenzen aus. Die Missverständnisse entstehen aus diesen unterschiedlichen Haltungen. Die Eltern meinen, dass das Internet voller Gefahren sei, süchtig machen könne und diverse Handyspiele ohnehin nur Zeitverschwendung seien. Das Kind meint, dass das Internet die beste Erfindung der Menschheit sei, jede neue Möglichkeit genial und die Eltern haltlos übertreiben würden. Die Eltern verstehen ihr Kind nicht; das Kind kann die Eltern und ihre Sorgen nicht verstehen. Solange sich beide Seiten unverstanden fühlen, ist es schwierig, zu einer Einigung zu kommen. In diesen Diskussionen oder Streitereien geht es oft eher darum, recht zu behalten, als eine Übereinkunft zu finden. Aus Ärger über das Nicht-verstanden-Werden wird die eigene Position noch heftiger verteidigt. Die Folge davon ist, dass wir dem Gegenüber nicht mehr gut zuhören können. Warum vielleicht dieses eine Spiel doch nicht so schlimm ist, interessiert uns dann nicht mehr.

Die Familie von Ahmad kam in voller Besetzung in die erste Therapiestunde. Die Eltern schleppten den eher widerwilligen jungen Mann mit und erzählten gleich zu Beginn, dass nur eine Maßnahme erfolgreich war: Das Internet sei so lange abgedreht worden, bis Ahmad zumindest diesen ersten Termin wahrnahm. Für Mutter und Vater war klar: Ahmad hatte keine sinnvollen Hobbys und keine Freunde. Seine Zeit verbrachte er mit Computerspielen, vor allem Fortnite hatte es ihm in letzter Zeit massiv angetan. Jede freie Minute seines Tages war mit diesem Spiel gefüllt, wenn nicht aktiv spielend, dann in Form von YouTube-Videos auf seinem Smartphone oder als Stream auf twitch. Ahmad selbst sah die Situation vollkommen unkritisch. Ja, es seien schon sechs bis sieben Stunden pro Tag, die er vor seiner Konsole verbringen würde, und nach eigener Beschreibung würde er sich schon als »ein bisschen süchtig« bezeichnen, aber das war alles noch kein Grund, um sich Sorgen zu machen. Die Eltern war also in seinen Augen viel zu kritisch und besorgt. Die Fronten waren über Monate verhärtet, Schreiduelle an der Tagesordnung und beide Seiten fühlten sich massiv unverstanden. Mutter und Vater fanden die Spiele unnötig und sinnbefreit und konnten an dieser Freizeitbeschäftigung von Ahmad gar nichts finden. Mit einiger Arbeit konnten wir uns auf einen Versuch einigen: Ahmad würde den Eltern einen Crashkurs in Fortnite und Gamestreaming geben. Die Eltern mussten sich dafür mindestens 2 Stunden Zeit nehmen, sich jedes Detail des Spieles zeigen lassen und es auch selbst ausprobieren. Ahmad würde sich dafür auf eine Freizeitbeschäftigung gemeinsam mit den Eltern einlassen, die nicht am Bildschirm oder digital stattfindet – aber er durfte entscheiden, welche das sein würde.

Beide Seiten sollten sich so ein bisschen besser verstehen lernen. In der Therapie haben uns dann noch lange die Gründe für das häufige Spielen und die Beziehung der Eltern miteinander und zu Ahmad beschäftigt – aber in diesem ersten Schritt gelang es der Familie, wieder ein bisschen zueinander zu finden und von den verhärteten Positionen wegzukommen.

Der Schlüssel liegt in der Mitte. Es braucht einen kritischen Zugang zum Thema Medien – auf beiden Seiten. Kritisch bedeutet in diesem Fall, dass ich mich mit dem Medium, der App, der Nutzung, aber auch meiner ganz persönlichen Einstellung zum Thema Medien befassen muss. Weder ist also alles schlecht, noch ist alles gut. Sobald diese Position (für den Moment, sie darf sich ja ändern) gefunden ist, kann ich jemandem gegenübertreten, der womöglich eine andere Position vertritt. Erst dann kann ich sagen: Das ist meine Position und meine Einstellung. Dies sind die Gründe und hier sind meine Argumente. Wie siehst du das? – An diesem Punkt beginnen oft die Verhandlungen und es wird Platz für gegenseitiges Verstehen geschaffen.

Die folgenden Fragen können hilfreich sein, um eine eigene Position zu entwickeln. Wichtig hierbei: Es gibt kein Richtig oder Falsch, solange ich ehrlich dazu bereit bin, mit mir reden und mich vom Gegenteil überzeugen zu lassen.

- Wie notwendig sind Smartphones heutzutage, um durchs Leben zu kommen?
- Wie stehe ich zu Social Media? Welche nutze ich, welche nicht?
- Wie finde ich die Tatsache, dass Informationen, die ich online poste, verarbeitet, verkauft und bis ins kleinste Detail ausgewertet werden?

- Was unternehme ich, um den Umgang mit und die Weitergabe von meinen Daten und Informationen im Internet zu ändern?
- Welche technischen Möglichkeiten der digitalen Medien faszinieren mich? Worauf könnte ich verzichten?
- Können digitale Medien oder im Speziellen Bildschirmspiele ein vernünftiges Hobby oder sogar ein Beruf sein? Wie stehe ich zu professionellem Gaming?

> **Unsere eigene Haltung ist maßgeblich entscheidend. Wir brauchen als Eltern einen kritischen Zugang zum Thema Medien, dürfen aber nicht zu kritisch sein, da wir sonst Gefahr laufen, gänzlich ablehnend zu werden. Eine Haltung von Offenheit und Neugierde ist oft hilfreich.**

SO NAH WIE NOCH NIE

Wie hat euch dieses Video gefallen? Lasst es mich unbedingt in den Kommentaren wissen! Worum soll es in meinem nächsten Video gehen? Ich freu mich schon auf eure Kommentare! Soll ich noch so ein Video machen? Falls ja, dann Daumen hoch!

Wir alle haben Stars und Sternchen, die wir bewundern. Ob eine Musikgruppe oder eine bestimmte Schauspielerin oder ein bestimmter Schauspieler: Personen im Rampenlicht haben schon immer eine Faszination auf uns ausgeübt. Wir wollen mehr über sie wissen und warten gebannt auf das neue Album.

Wir gehen zu Konzerten oder möchten unbedingt den neuen Film sehen. Zahlreiche Zeitschriften und Onlinemagazine beschäftigen sich mit berühmten Persönlichkeiten. Fernsehen und Radio haben diese Massenwirkung möglich gemacht. Musiksender wie MTV haben bis circa Mitte der 2000er-Jahre dazu beigetragen, Musikgruppen populär zu machen. Erst in den letzten zehn Jahren hat hier eine massive Veränderung stattgefunden. Unsere Stars sind uns dank Social Media ein Riesenstück nähergekommen. Sie sind uns so nah wie noch nie.

Dieses Phänomen lässt sich am besten bei der größten Videoplattform der Welt, YouTube, erkennen. Millionen an sogenannten YouTuberinnen und YouTubern produzieren Videos und posten diese dann auf der Plattform, um sie einem Milliardenpublikum zugänglich zu machen. Diese Videos werden den Zuschauern vollkommen kostenlos zu Verfügung gestellt. Zu Beginn wird meist durch YouTube eine kurze Werbung gezeigt, oft nur einige Sekunden und direkt danach startet bereits das Video selbst. Erfolgreiche Videos auf YouTube werden hunderte Millionen Mal angesehen, sehr erfolgreiche auch über eine Milliarde Mal. YouTuber und YouTuberinnen sind die Stars der digitalen Generation geworden, verbunden mit einer noch niemals dagewesen Reichweite und gleichzeitig einer hochspezifischen Zielgruppe. Der große Unterschied zu früher ist, dass durch die Community-Funktionen von YouTube die Kommunikation mit unseren Stars plötzlich interaktiv geworden ist. Jedes Video kann kommentiert und bewertet werden, die Community, die bei manchen der Stars im dreistelligen Millionenbereich ist, interagiert damit mit fast jedem Video. Auf der einen Seite entsteht durch diese Interaktion ein Gefühl von Beziehung und Verbindlichkeit, fast von Teilhabe an dem, was die YouTuberinnen und YouTuber produzieren. Auf der anderen

Seite werden damit aber sowohl für YouTube (und damit für Google, da YouTube ein Produkt der Firma Google ist) als auch für die Stars selbst unbezahlbare Daten erschaffen, die die Zuschauerinnen und Zuschauer bis ins letzte Detail beschreiben. YouTube hat für jedes Video exakte Statistiken mit hunderten Details: Wie viele Leute haben das Video gesehen? Aus welchen Ländern? Wie alt sind sie? Welche Geräte benutzen sie? Wann drücken sie auf Pause, wann drücken sie auf Play? Wie ist ihre Bildschirmauflösung und Internetverbindung? Wie hoch die Interaktionsrate? Kommentieren sie etwas und wenn ja, was schreiben sie und wie schnell? All diese Daten werden anschließend zu Werbezwecken weiterverwendet. Es gelingt dem Unternehmen damit, bis ins kleinste Detail Profile von Einzelpersonen zu erstellen und diese dann zu vermarkten. Die Interaktion ist ein zentrales Element von YouTube, wodurch für das Unternehmen ein hoher Anreiz besteht, Personen dazu zu bringen mit Videos zu interagieren. Gleiches gilt für die YouTuberinnen und YouTuber. Je mehr Interaktion ein Video erfährt, umso höher wird es durch den Algorithmus von YouTube in den Suchergebnissen gereiht. Somit wird es leichter auffindbar, erzeugt mehr Klicks und in Folge auch einen höheren Gewinn.

Auch in den 80ern und 90ern haben Fans Briefe an Queen oder ABBA geschrieben, um Unterschriften gebeten oder ihre unsterbliche Liebe bekundet. Jetzt aber können wir Direktnachrichten senden – und nicht nur das: Die YouTube-Stars und Instagrammerinnen und Instagrammer fordern uns sogar dazu auf.

> *Wer waren Ihre Stars? Haben Sie einmal versucht, mit ihnen in Kontakt zu kommen? Wie fanden Ihre Eltern Ihre Stars?*

Diese Veränderung gilt es zu verstehen, wenn wir einen Blick auf die Faszination dieser Plattformen werfen wollen. Früher konnten wir ein Konzert besuchen und je nach Begeisterungslevel die Band mit Applaus belohnen oder ein Musikvideo im Fernsehen sehen und eine positive oder negative Resonanz mittels Sendequoten ermitteln. Jetzt bittet uns die Frontfrau der Band um Feedback zu ihrem neuesten Lied. YouTuberinnen und YouTuber fragen am Ende jedes Videos nach Rückmeldungen und »Likes«. Sie wünschen sich Kommentare und versprechen, dass sie jeden einzelnen lesen (und sogar beantworten). Kommunikation findet nicht länger nur in eine Richtung statt; plötzlich können wir mit unseren Idolen, mit weltbekannten Leuten, mit Millionen an Fans direkt in Kontakt treten.

YouTuberinnen und YouTuber (hier als Beispiel, selbstverständlich passiert Ähnliches auf beinahe allen Social Media Plattformen) nutzen diese Kommunikationsmöglichkeiten in vielerlei Hinsicht bewusst aus. Einerseits können sie damit ihr Publikum bei der Stange halten und eine Form von Beziehung und Interaktion herstellen, andererseits belohnen die diversen Social Media Plattformen eben jene Interaktion: Videos mit mehr Likes und Kommentaren werden automatisch weiter nach oben gereiht und sind damit attraktiver.

Unsere Stars (vor allem aber die Stars der Kinder und Jugendlichen) sind ein unglaubliches Stück näher gerutscht. Vom Bildschirm weg, direkt in die Kinderzimmer. Sie zeigen Ausschnitte aus ihrem Leben und lassen die Kinder als ihre Fans direkt daran teilnehmen. Diese Form von Nähe und Beziehung ist es, die die Kinder und Jugendlichen anspricht. Uns wäre es wohl ähnlich gegangen. Hierzu kommen Conventions, wo YouTuberinnen und YouTuber auf Tournee gehen und direkt auf ihre Fans treffen – wegen des spontanen Andrangs oft begleitet von Großeinsätzen der Polizei. Tausende Kinder und Jugendliche stehen stundenlang Schlange, um ein Selfie mit ihrem Idol zu ergattern. Eben jenes Selfie wird dann wieder in Social Media geteilt und erzeugt in Folge noch mehr Klicks.

Sobald wir diese Taktik und Entwicklung verstehen, können wir erkennen, warum Kinder so sehr an den Monitoren kleben. YouTube als Plattform ist es gelungen, einen ultimativen, interaktiven Fernsehsender zu erschaffen. Ein Sender, der täglich mehrere Millionen Stunden neues Videomaterial anbietet, dessen mir angezeigter Inhalt direkt auf meine Bedürfnisse zugeschnitten ist und sich nicht wiederholt. Ein Sender, wo die Darsteller mich direkt ansprechen, an meinem Leben interessiert sind und direkte Einblicke in ihr Leben gewähren. Die heutigen Stars verkaufen das Wertvollste der Welt: Beziehung.

Dadurch ist es ihnen gelungen, ein Millionen-, teilweise sogar Milliardenpublikum zu bekommen. Es lohnt sich, solche Videos selbst anzusehen, um einen ersten Einblick zu bekommen. Bekannte YouTuberinnen und YouTuber im deutschsprachigen Raum sind aktuell beispielsweise Bibis Beauty Palace, DagiBee oder LionT. Aber es gibt selbstverständlich noch tausende andere, kleinere und größere. Besonders in diesem Raum entstehen immer wieder spontan Phänomene, wo neue Stars innerhalb von Stunden mit Klickzahlen durch die Decke gehen, nur um wenige Woche später wieder vergessen zu sein. Für jede noch so spezifische Nische findet sich ein YouTuber oder eine YouTuberin, die einen entsprechenden Inhalt zu Verfügung stellt.

Von bekannten und großen Kategorien wie Gaming oder Lifestyle, hin zu Comey, Lifehacks, Challenges, aber auch Themen wie Umwelt oder Wissenschaft sind kleine und große Communitys und Produzentinnen und Produzenten zu finden. Sie alle verdienen (ab einer gewissen Reichweite) ihr Geld über die Werbung, die am Anfang oder auch während eines Videos gezeigt wird. Sie müssen YouTube-Partner werden, um für jedes ihrer Videos, das angesehen wurde, bezahlt zu werden. Die Bezahlung selbst liegt im Cent-Bereich, durch die Masse kann sich daraus aber ein lohnendes Geschäft entwickeln. Die Elite der YouTube-Stars verdient im mehrstelligen Millionenbereich.

Ebenfalls verdient wird mit Produktplatzierungen (bei Jugendlichen eher als Product Placement bekannt) und den sogenannten Affiliate Links oder Affiliate Partnerships. Produktplatzierungen sind vor allem aufgrund ihrer oft mangelhaften Transparenz zu kritisieren. Kinder und Jugendliche erleben YouTuberinnen und YouTuber als extrem authentisch und ehrlich, was das Bewerben von Produkten besonders effizient macht. Kinder und Jugendliche glauben dann, dass YouTuber wirklich vom neuen Lippenstift, Computerspiel oder von einer Sonnenbrille begeistert sind. YouTube hat im Jahr 2020 begonnen, entsprechende Videos strenger zu kennzeichnen, vor allem nachdem es in den USA immer wieder diesbezüglich zu politischen Streitigkeiten kam.

Bei Affiliate Partnerships oder Affiliate Links wird mit Produkten auf Partnerseiten Geld verdient. Internetstars verlinken hierzu zum Beispiel in der Beschreibung eines Videos ein bestimmtes Produkt auf Amazon. Wenn ein User dieses Produkt über den Link kauft, werden die YouTuberinnen und YouTuber am Umsatz beteiligt. Nachdem Internetstars oft ein Millionenpublikum erreichen, kann ein Affiliate Partnership zu einem stattlichen Einkommen führen, auch wenn hier wieder die Beteiligung meist nur im niedrigen einstelligen Prozentbereich liegt.

Ein großer Teil der Faszination, die YouTube auf junge Leute ausübt, liegt darin, dass YouTube-Stars ihre Videos so aussehen lassen, als wären sie mit wenig Aufwand und sehr spontan entstanden. Videos werden bewusst so gemacht, dass sie möglichst einfach und ungeschnitten aussehen. Durch diese vermeintliche Spontanität steigt das Gefühl der Authentizität gegenüber Kindern und Jugendlichen. YouTuberinnen und YouTuber verwirklichen den amerikanischen Traum: Jeder kann es schaffen und zum Star werden. Das ist auch der Grund, warum viele Jugendliche davon träumen, YouTube-Star zu werden.

Die Wahrheit sieht anders aus. Auf YouTube werden täglich Millionen neuer Videos hochgeladen. Hier wirklich aufzufallen, ist schwer und erfordert viel harte Arbeit, Kreativität und Zeit. Nur sehr wenige schaffen es. Im Unterschied zum Profifußball, wo Talent und tausende Stunden Training entscheidend sind, ist es bei YouTube manchmal nur der Zufall, der eine Rolle spielt. Im Unterschied zum Profifußball aber lassen YouTuberinnen und YouTuber es sehr einfach aussehen. Eine Kamera, ein Wohnzimmer und los geht's. Auch damit spielen YouTube-Stars ganz bewusst. Wieder ist es wichtig, den Wunsch der Kinder zu verstehen: Sie wollen bekannt werden, ein Star werden – und das auch noch vom Laptop (oder dem Smartphone) aus, mit der eigenen Idee und Kreativität. Andere haben es doch auch geschafft. Darauf, dass es eine komplette Filmcrew gibt, die das Video produziert, wird oft nicht hingewiesen. Neben teurem Equipment wird das Video anschließend professionell geschnitten und strategisch über die verschiedenen Kanäle beworben. Große Medienproduktionsfirmen haben längst die bekannten YouTuber unter Vertrag und übernehmen diese Arbeiten für sie.

Die Welt ist also näher gerückt, durch die Bildschirme hindurch und direkt zu uns ins Wohnzimmer. Diese Nähe und Interaktivität muss uns bewusst sein, wenn wir die Attraktivität sozialer Plattformen verstehen wollen. Es wird genau das geliefert (bewusst und absichtlich), was Kinder, Jugendliche oder auch uns anspricht.

Durch die Größe von YouTube wird jeder erdenkliche Nischenmarkt bedient. Sie interessieren sich für das japanische Kartenspiel »Force of Will«? – Kein Problem, es gibt hunderte YouTube-Videos zu diesem Thema. Sie interessieren sich ausschließlich für die fachgerechte Zubereitung von Pulled Pork im Smoker? – Auch mit dem Thema Grillen befassen sich hunderte YouTuber alleine im deutschsprachigen Raum. Aber es kann durchaus noch sehr viel spezieller werden. Von der Bypass-Operation am offenen Herzen bis zur Bildschirmreparatur eines iPhones wird jedes Interessensgebiet bedient. Ob Sie Curling, Unterwasserrugby oder Baseball spannend finden, Fußballspiele aus den 70ern oder die Minigolf-Europameisterschaft – alles gibt es auf YouTube zu entdecken.

YouTube ist in den letzten Jahren auch zur größten Informationsplattform für Jugendliche geworden, wie eine jährlich durchgeführte Studie von Safer Internet immer wieder zeigt. Dort, wo wir Erwachsene eher noch eine Google-Suche starten, recherchieren Kinder und Jugendliche gleich direkt auf YouTube und suchen sich Informationen im Videoformat. Ein Referat über das Planetensystem? – Kein Problem. Aber auch Zusammenfassungen und Buchbesprechungen aller Harry-Potter-Teile oder Erklärungen zu komplexen Differenzialrechnungen lassen sich ermitteln. Auch für Volksschulkinder gibt es zum Thema

»einfache Additionen« kindergerecht aufbereitete Erklärvideos. Als Nachhilfe- und Hausübungstool ist YouTube für Kinder und Jugendliche unersetzbar geworden.

Dies bringt auch eine andere Entwicklung mit sich, die momentan gesellschaftlich ein großes Thema ist: Fake News, auf Deutsch »Falschinformationen«, sowie deren massive Verbreitung über das Internet. Ob Informationen wahr oder falsch sind oder der Inhalt eines Videos gut oder schlecht ist, muss von uns mittels neuer und geschärfter Fähigkeiten bewertet werden. Früher informierten wir uns größtenteils durch die selbstverständlich immer noch vorhandenen Print-Qualitätsmedien, jetzt ist es aber überwiegend das Internet, durch das wir Informationen beschaffen. Auch dort finden sich alle Qualitätsmedien in digitaler Form, jedoch auch Millionen an anderen, äußerst fragwürdigen Quellen. Nachdem Kinder und Jugendliche uns imitieren, ist es nicht verwunderlich, dass sie das auch in Bezug auf Nachrichtenbeschaffung tun.

> *Woher bekommen Sie Ihre Informationen?*
> *Was sind Ihre Qualitätsmedien? Und woher wissen Sie, ob diese Informationen richtig sind?*

Hierzu ein praktisches Beispiel aus der Sexualpädagogik. »Wie verwende ich ein Kondom?« ist eine Frage, die Jugendliche häufig beschäftigt. Nicht alle Kinder erleben qualitativ guten Aufklärungsunterricht (oder auch gar keinen) und gehen somit mit ihren Fragen dorthin, wo sie ihrer Meinung nach gute und ehrliche Antworten bekommen. Eine schnelle Suche auf YouTube führt damit zu hunderten Videos, in denen an unterschiedlichen Gegenständen oder Modellen gezeigt wird, wie ein Kondom richtig verwendet wird. Einerseits sind hier qualitativ sehr gute Videos zu finden, andererseits auch Videos, die falsche Informationen und Unwahrheiten zeigen. YouTube verbietet pornografische Inhalte und filtert diese konsequent. Die Suchergebnisse sind somit zumindest nicht pornografisch, dennoch sind viele der gefundenen Videos inhaltlich bestenfalls durchschnittlich. Nichtsdestotrotz ist YouTube Informationsplattform der Wahl für Kinder und Jugendliche, denn hier können sie ihre Fragen stellen und bekommen Antworten. Selbstverständlich nutzen geschickte YouTuberinnen und YouTuber das auch bewusst aus. Ein Beispiel ist die YouTuberin Katja Krasavice. Ihr ist bewusst, dass Pornografie und Nacktheit auf YouTube verboten sind. Das hindert sie jedoch nicht daran, sich der Sprache der Pornografie zu bedienen, um über Sexualität zu sprechen und auf ihrem Kanal auf YouTube Werbung für ihre private Pornoseite zu machen. Ihr Zielpublikum auf YouTube sind Jugendliche, die sie mit ihrer direkten Sprache und ihrem Auftreten anspricht. Auch wenn Katja Krasavice es in zahlreichen Videos ankündigt: Auf YouTube werden Sie sie niemals nackt sehen. Das wäre ein Verstoß gegen die Richtlinien und hätte eine Sperre ihres Accounts zur Folge. Katja Krasavice arbeitet mit Anspielungen und Versprechen. In ihren Videos erklärt sie, wie man richtig Sex hat oder angeblich jede Frau zum Orgasmus bringen kann. Sie erreicht damit ein junges Millionenpublikum, das genau solche Videos mit vermeintlich einfachen Antworten und direkter Sprache sehen möchte. Als Kunstfigur polarisiert sie bewusst und äußerst erfolgreich.

Was können wir als Eltern also tun? Die Antwort auf diese Frage ist zweigeteilt. Erstens müssen wir unsere Kinder über die Qualität mancher Videos aufklären. Das funktioniert am besten, wenn wir die Videos mit ihnen gemeinsam anschauen. Suchen Sie mit den Kindern gemeinsam nach Antworten auf offene Fragen und reflektieren Sie mit ihnen die gefundenen Informationen. Sind das gute Infos? Gibt es eine zweite Quelle, die dasselbe sagt? Was qualifiziert die Person in dem Video, über dieses Thema zu sprechen? Was finden wir an diesem Video gut, was finden wir nicht so gut? Mit jeder gemeinsamen Recherche steigt die Informationskompetenz.

Der zweite Teil der Antwort ist sowohl einfacher als auch komplizierter. Wir als Eltern müssen es den Kindern ermöglichen, mit den schwierigen Fragen zu uns zu kommen. Falls wir die Frage nicht beantworten können, ist es unsere Aufgabe, zu schauen, dass das Kind zu einer Person, Website oder Stelle kommt, die eine gute Antwort bietet.

Wir können als Eltern nicht jede Frage beantworten. Manchmal fehlt uns selbst das Wissen oder eine Frage ist uns unangenehm. Beides ist vollkommen in Ordnung. Aber wir können in der Beziehung zu unserem Kind daran arbeiten, dass es weiß, dass es jede Frage stellen kann. Wenn Kinder oder Jugendliche das Gefühl haben, dass alles gefragt werden darf, ist es oftmals gar nicht notwendig, selbstständig eine Internetrecherche zu starten. Sie können dann einfach direkt zu uns kommen. Diese Art von Arbeit ist Beziehungsarbeit. Auch hier müssen wir wieder nichts über YouTube & Co wissen, wir müssen die YouTube-Stars nicht kennen und keine Datenschutzexperten sein. Wir müssen an der Beziehung zu unseren Kindern und Jugendlichen arbeiten. Alleine dadurch leisten wir medienpädagogische Arbeit.

Digitale Medien haben uns unsere Stars und Idole nähergebracht. Oftmals wohnen diese jetzt fast im Kinderzimmer mit. Informationen werden primär über das Internet gefunden. Wir können gemeinsam mit unseren Kindern recherchieren und sollten ein Klima schaffen, in dem sich Kinder und Jugendliche trauen können, schwierige Dinge zu fragen, ohne Angst haben zu müssen.

PASST PERFEKT ZU MIR

Vor kurzem habe ich darüber nachgedacht, mir einen neuen Tennisschläger zu kaufen. Schon am nächsten Tag habe ich Werbung für Tennisschläger auf Facebook bekommen. Wie ist das möglich?

Woher weiß Google, welche Werbung wir sehen wollen? Und warum sehen wir andere Werbung auf YouTube als unsere Freunde? Die Antwort darauf, die gleichzeitig die Goldgrube des Internets ist, lautet personalisierte Werbung. Um zu verstehen, wie mit Internetwerbung Milliarden verdient werden, müssen wir die Mechanismen der personalisierten Werbung verstehen. Durch diese Art von Werbeeinschaltung ist es möglich geworden, gezielt Kinder und Jugendliche anzusprechen und eine zielgruppengerechte Werbung zu zeigen. Bei Plakat-, Fernseh- oder Radiowerbung ist dies nicht in derselben Form möglich wie bei der hochpersonalisierten Werbung im Internet. Durch detaillierte Datenanalyse können Firmen online Werbung zeigen, die perfekt auf den einzelnen User zugeschnitten ist. Gerade bei Kindern und Jugendlichen führt das zu einem doppelten Effekt: Einerseits werden schon im Hintergrund die Daten verkauft und umfangreiche Profile erstellt, andererseits wird personalisierte Werbung von vielen positiv bewertet. Aber auch die Erwachsenengeneration freut sich über Werbung, die den eigenen Geschmack trifft. Wenn die Zahnbürste kaputt ist, wollen wir keine Werbung für ein neues Auto sehen – auch wenn bei personalisierten Anzeigen manchmal ein etwas mulmiges Gefühl mitschwingt. Es wirkt, als ob Google meine Wünsche vor mir erraten hätte.

> *Wie stehen Sie zu personalisierter Werbung?*
> *Finden Sie sie gruselig oder praktisch? Und ist diese Art der Datenverarbeitung durch Firmen für Sie in Ordnung?*
> *Wo ziehen Sie eine Grenze?*

Erstmalig ist es also möglich, Werbung nicht nur für eine breite Zielgruppe zu gestalten, sondern für kleine Untergruppen. Durch die Masse der User ist es auch gar nicht notwendig, immer richtig zu liegen oder Klicks und Käufe zu erzielen. Alleine YouTube zeigt mehrere Milliarden an einzelnen Werbeschaltungen täglich. Selbst wenn nur ein kleiner Prozentsatz davon die richtige Gruppe erreicht, ist das ein unglaublicher Erfolg im Vergleich zu anderen Werbemethoden.

Personalisierte Werbung baut auf zwei Quellen auf. Die eine Quelle besteht aus den Daten der User. Jede Suchanfrage, jede Interaktion auf Google, YouTube, Facebook, Instagram und allen anderen großen sozialen Netzen (und beinahe allen anderen Websites) wird erfasst und analysiert. Bei Facebook beispielsweise wird jede Interaktion gespeichert und ausgewertet, unter anderem Folgendes (wenn Sie die Facebook-App am Smartphone benutzen): Smartphone-Typ, installierte Updates, Netzbetreiber, Empfang, Akkustand, welche Bilder und Postings Sie ansehen, wie lange Sie bei einzelnen Inhalten bleiben und wie schnell Sie weiterscrollen. Aber auch wie schnell Sie tippen, wie hoch Ihre Bildschirmauflösung ist, um welche Uhrzeit Sie online sind oder wie lange Sie die App benutzen. Im Hintergrund wird (nach Ihrer einmaligen Zustimmung) Ihr gesamtes Telefonbuch am Handy an den Server von Facebook geschickt und dort gespeichert. Facebook wertet auch bereits geschriebene, aber nicht gepostete Statusnachrichten aus oder auch den Inhalt ihrer Bilder (dies durch spezielle Software, die als künstliche Intelligenz bezeichnet wird und Inhalte und Personen auf Fotos erkennen kann).

Schon einige Minuten intensiver Facebook-Nutzung erzeugen tausende Datenpunkte, die entsprechend verwertet werden. Das gleiche Programm läuft selbstverständlich auch bei allen anderen Diensten mit, sei es Google, YouTube, oder Snapchat. Wir selbst füttern diese Firmen mit Daten. Die erste Quelle für personalisierte Werbung sind also unsere Daten, die wir selbst eingeben oder zur Verfügung stellen.

Die zweite große Quelle ist technisch ein wenig komplizierter. Mittels extrem komplexer statistischer Analysen ist es für Facebook möglich, bestimmte Vorhersagen über Ihre Person und Ihr Verhalten zu treffen. Nachdem ein Unternehmen wie Facebook täglich hunderte Milliarden an Datenpunkten sammelt, kann mit entsprechender Rechenkraft eine Verknüpfung zwischen diesen Daten hergestellt werden. Dieses Prinzip nennt sich Big Data und ist eine der großen Entwicklungen der letzten Jahre. Mit Big Data ist es möglich, unglaubliche Datenmengen in

Relation zueinander zu setzen und (teilweise versteckte) Beziehungen zwischen den Daten herzustellen.

Ein Beispiel: Wenn Sie auf Facebook bei circa fünfzig Seiten auf »Gefällt mir« gedrückt haben, kann Facebook mit sehr hoher Wahrscheinlichkeit feststellen, ob Sie hetero-, bi- oder homosexuell sind. Dabei ist es vollkommen irrelevant, welche Seiten ein »Gefällt mir« bekommen haben. Ob Sie einen Buchverlag liken oder die Firma Microsoft, Ihren liebsten Hot-Dog-Stand oder einen großen Autohersteller ist ganz egal. Gemeinsam mit Ihrer sonstigen Facebook-Nutzung kann das Unternehmen Sie nach relativ kurzer Zeit sehr genau verschiedenen Gruppen zuordnen. Durch Big Data können genau diese versteckten Zusammenhänge mittels einer Software sichtbar gemacht werden. Viele Inhalte müssen Sie also Facebook gar nicht mehr verraten, sondern Facebook errät diese Dinge anhand Ihrer täglichen Nutzung. Ob sie Rechts- oder Linkshänder sind, Brillenträger, sportbegeistert, religiös oder politisch aktiv kann damit automatisch erfasst und Ihrem Werbeprofil zugeordnet werden. Facebook ordnet Sie unterschiedlichen Subgruppen zu. Infolgedessen bietet Facebook dann den Werbekunden an, Anzeigen gezielt an jene Gruppen zu richten. Die Algorithmen können jedoch auch noch weitaus komplexere Details aufgreifen: Facebook weiß anhand Ihrer Nutzung, ob Sie offen für neue Erfahrungen oder eher introvertiert sind. Das Unternehmen kann einschätzen, ob Sie sich gerade unsicher fühlen, fröhlich sind, verzweifelt oder wütend. Eben diese Daten können dann verkauft werden. Facebook hat beispielsweise festgellt, dass Frauen statistisch häufiger donnerstagabends ein Gefühl von Unsicherheit spüren. Das Wochenende steht bevor, meist verbunden mit sozialen Verpflichtungen, vielleicht einem Restaurantbesuch oder einem Konzert. Die

Daten von Facebook zeigten, dass dies der perfekte Moment ist, um Werbung für neue Kleidung zu zeigen – selbstverständlich mit dem Hinweis, dass diese rechtzeitig fürs Wochenende da sein würde. Unsicherheit führt dazu, dass wir schlechtere beziehungsweise unüberlegtere Entscheidungen treffen. Für Werbekunden bietet Facebook somit explizit die Möglichkeit an, bestimmte Einschaltungen nur zu zeigen, wenn Facebook-User sich gerade unsicher fühlen.

Für eine Firma, die Werbung schalten möchte, bedeutet das einen unglaublichen Datenschatz. Ich kann die Werbung für meinen neuen Fußballschuh beispielsweise allen jungen Frauen zwischen 21 und 23 Jahren zeigen, die in Berlin wohnen, verheiratet sind, keine Kinder haben, gerne Fußball spielen, evangelisch und politisch eher links verortet sind und in ihrer Freizeit gerne Karten spielen. Mit Sicherheit keine große Gruppe, aber für Facebook ist es kein Problem, diese Personen direkt anzusprechen. Ich kann damit als Kunde meine Gruppe so klein oder so groß machen wie ich möchte. Von Facebook bekomme ich immer live angezeigt, wie viele Personen meine Werbung voraussichtlich ansprechen wird.

In vielen Ländern werden diese Mechanismen bereits angewandt, um bei Wahlen unterschiedliche Gruppen zu erreichen. Damit können für dieselbe Partei beispielsweise fünfzig verschiedene Werbungen gleichzeitig gezeigt werden, jeweils genau zugeschnitten auf die entsprechende Zielgruppe. Vor allem die Firma Cambridge Analytica ist hierdurch im Jahr 2018 zu zweifelhaftem Ruhm gekommen. Mittels der statistischen Datenanalyse dieses Unternehmens war es möglich, kleine Wählergruppen gezielt anzusprechen. Die Daten wurden jedoch daraufhin nicht dazu benutzt, Wähler von der eigenen Partei zu überzeugen, sondern sie davon abzuhalten, überhaupt zur

Wahl zu gehen. Dazu wurden tendenziell unsichere Wähler gezielt ausgesucht. Diesen wurden dann negative (oft gefälschte) Informationen über ihre bevorzugten Kandidaten gezeigt. Die Folge war, dass viele dieser Wähler am Wahltag nicht zur Urne gingen, sondern zuhause blieben. Facebook liefert den Werbekunden noch etwas, was Werbung effizienter macht: exakte und detaillierte Analysen, wie viele Personen die Werbung gesehen, mit ihr interagiert, sie angeklickt und letztlich das Produkt gekauft haben. Mittels dieser Analyse kann die Werbung für den nächsten Durchgang noch passgenauer zugeschnitten werden. Zahlreiche Unternehmen schalten also dutzende Werbungen gleichzeitig und beobachten diese anschließen über einen gewissen Zeitraum. Die Werbung, die sich bewährt, wird in Zukunft weit öfter geschaltet, die anderen werden wieder deaktiviert. Zum Vergleich: Stellen Sie sich vor, die Werbekunden wüssten, welche Plakatwerbung von wem wie oft und wie lange angeschaut wurde – und in Folge auch, ob diese Person dann das entsprechende Produkt erwarb.

Kinder und Jugendliche (und natürlich auch wir) sehen also in Computerspielen, auf Google, auf YouTube und zahlreichen anderen Diensten und Websites Werbung, die möglichst exakt auf uns als Person zugeschnitten ist. Oftmals entsteht hier auch das Gefühl, verstanden zu werden, weil die Werbung so gut zu uns passt und wir ohnehin auf der Suche nach diesen Produkten waren. Manchmal bleibt aber vielleicht auch etwas Beklemmendes zurück, wenn es wirkt, als hätten Google und andere unsere Gedanken erraten. Im Hintergrund sind es jedoch unfassbar komplexe Algorithmen, die diese personalisierte Werbung gestalten. Beispiele wie der Tennisschläger aus der Einführung zu diesem Kapitel sind also nicht Magie oder Zufall, sondern unglaublich gefinkelte angewandte Mathematik. Sie sind der Kernbereich und das Geschäftsmodell der großen IT-Unternehmen.

> *Hatte Sie schon einmal so einen gruseligen Moment? Vielleicht haben Sie über etwas nachgedacht und nur wenige Minuten später ist Werbung für eben jenes Produkt auf Google erschienen. Haben Sie für sich eine Erklärung dafür gefunden?*

Um im Rahmen zu bleiben, sind diese Techniken in diesem Buch sehr stark verkürzt dargestellt. Bei den großen Technikfirmen wie Facebook, Google, Microsoft und Apple arbeiten hunderte Programmiererinnen und Programmierer daran, eben diese Werbetechniken und Analysemethoden zu verbessern und genauer zu machen. Die Produkte von Facebook oder auch WhatsApp und Google sind also nicht die Messenger-Dienste, die Suche oder das soziale Netz. Das Produkt dieser Firma sind unsere Daten. Produkte sind nämlich etwas, was sich verkaufen lässt. Zum Vergleich: Das Produkt eines Möbelhauses ist nicht das Verkaufsgebäude oder das Einkaufserlebnis. Das Produkt ist der Sessel, den wir bezahlen und mit nach Hause nehmen. Das Gebäude und das möglichst schöne Einkaufserlebnis sind nur der Weg, der uns dazu bringt, einen Sessel zu kaufen. Der größte Erfolg für werbeschaltende Unternehmen ist in weiterer Folge unsere statistisch vorhersagbare Verhaltensänderung, weil wir durch gezielte Onlinewerbung eher Produkt A als Produkt B kaufen.

Wir als Eltern sollten über diese Mechanismen Bescheid wissen und sie auch unseren Kindern erklären. Folgende Fragen können hilfreich sein, um eine Diskussion zu starten:

- Welche Werbung siehst du auf YouTube?
- Weißt du, wieso du diese Werbung siehst?
- Welche Werbung siehst du auf Google oder auf Instagram?
- Sehen alle deine Freundinnen und Freunde (Werbung wird oft nach Geschlechtern getrennt) dieselbe Werbung? Und warum nicht?
- Wie findest du es, Werbung zu sehen, die auf dich zugeschnitten ist? Ist das gut oder schlecht? Und warum?

Links zu speziellen Tools, die Werbung und Nachverfolgung vollkommen kostenlos einschränken oder blockieren, finden Sie unter www.lukas-wagner.at/links.

> **Werbung wird zunehmend personalisiert, um möglichst genau unsere Vorlieben und Interessen zu treffen. Wenn wir die gängigsten Mechanismen kennen, können wir über diese mit unseren Kindern diskutieren und gängige Praktiken hinterfragen.**

WAS IST HEUTE NOCH PRIVAT?

»Privat ist, was die Eltern nicht wissen dürfen.«

Dieser Satz fiel einmal in einem meiner Workshops zum Thema Neue Medien in einer Schulklasse. Er bringt die Einstellung vieler Kinder und Jugendlicher zum Thema Privatsphäre auf den Punkt. In einer Zeit, wo wir (private?) Urlaubsfotos in Badebekleidung auf Instagram einem Weltpublikum zugänglich machen und der öffentlich einsehbare Beziehungsstatus auf Facebook zur Normalität gehört, hat sich die Definition von Privatsphäre maßgeblich verändert.

Kinder und Jugendliche wachsen heutzutage in einer scheinbar sehr offenen Welt auf. Es ist eine Welt, in der die ständige Überwachung unserer Aktivitäten bereits zum Alltag gehört. Das ist der Deal, den wir mit WhatsApp, Facebook und Co. gemacht haben. Wir tauschen unsere Daten, unsere Privatsphäre gegen den kostenlosen Zugang zu diesen Diensten. Auf die Frage, warum wir so sorglos mit unseren intimsten Details umgehen, erhält man nicht selten die Antwort: »Ich habe ja nichts zu verstecken!« Damit kommt es auch zu einer völlig neuen Definition von »privat«.

> *Welche Informationen von Ihnen,*
> *die öffentlich auffindbar sind, wären vor zehn oder*
> *zwanzig Jahren noch »privat« gewesen?*

Alle Menschen haben Geheimnisse. Und wir haben auch ein Recht auf diese Geheimnisse. Wir sind es aber auch, die entscheiden, mit wem wir unsere Geheimnisse und Informationen über uns teilen wollen. Dieses zentrale Recht auf Privatsphäre ist auch der Grund, warum Eltern von Überwachungssoftware (von der es zahlreiche Varianten gibt) abzuraten ist (dazu mehr im Abschnitt »Begrenzen«). Für Kinder und Jugendliche, die mit Instagram und Snapchat aufwachsen, ist es ganz selbstverständlich, dass bestimmte Bilder versendet werden. Bei genauem Nachfragen zeigt sich auch, dass sie oftmals keinen

Widerspruch zwischen (halb-)öffentlichen Postings, beispielsweise auf privaten Profilen auf Instagram, und dem Aufrechterhalten ihrer Privatsphäre sehen. Das Bikinifoto verletzt nicht ihre Privatsphäre, sondern wird zum Ausdruck ihrer Individualität. Es dient dazu, sich zu zeigen, Aufmerksamkeit und Bestätigung zu bekommen.

Privat ist viel eher das, was beispielsweise auf WhatsApp mit Freunden geschrieben wird. Um das besser zu verstehen, brauchen wir uns nur den Wandel der Userzahlen von Facebook und WhatsApp ansehen. Facebook, als öffentliche Plattform, ist von uns Eltern erobert worden. Plötzlich waren wir auch dort und wollten mit unseren Kindern befreundet sein. Das hat jedoch die Kinder in eine Zwickmühle gebracht. Für sie ist es dann nämlich nicht mehr möglich, sich wirklich offen zu präsentieren. Sie müssen ständig überprüfen, ob ihre Postings »elterntauglich« sind – oder gar die Freundschaftsanfrage der Eltern ablehnen, was wohl auch zu Diskussionen führt. Die Folge davon ist, dass der Großteil der Kinder und Jugendlichen keinen Facebook-Account mehr hat. Diejenigen, die noch einen besitzen, nutzen ihn entweder für bestimmte Spiele, welche oft auf einem Belohnungssystem basieren (die Spiele belohnen die Verknüpfung mit Facebook, da der Spielehersteller dadurch auf alle Facebook-Daten zugreifen darf und diese für Werbung verwenden kann), oder als eine Art Adressbuch, um mit ihren Freunden in Kontakt zu bleiben. Sie posten nur sehr selten selbst und lesen eher schweigend mit oder verwenden ausschließlich den Facebook-Messenger, um Nachrichten und Fotos auszutauschen.

Kinder und Jugendliche sind scharenweise in erster Linie zu WhatsApp und in zweiter Linie zu Instagram umgezogen. WhatsApp ist eine viel abgeschlossenere Form der Kommunikation.

Dabei gibt es keine Freundschaftsanfragen, die ich beantworten muss, ich muss auch keine Sorgen haben, dass meine Eltern mitlesen könnten. Hier können Kinder und Jugendliche relativ ungestört kommunizieren, Persönliches austauschen und müssen dabei nicht ihren inneren »Elternfilter« aktivieren. Privat ist damit das, was auf WhatsApp besprochen wird. Es ähnelt der SMS von früher (die zunehmend weniger verschickt wird), ergänzt jedoch um unzählige moderne Funktionen, die eine SMS nie bieten konnte. Aktuell ist vor allem Snapchat dabei, WhatsApp den Rang abzukaufen.

In zweiter Linie wählen Kinder und Jugendliche Instagram als soziale Plattform. Die App ist weitaus simpler aufgebaut als Facebook, es gibt keine Gruppen, keine Spieleanfragen oder ähnliches. Instagram ist rein auf Fotos und kurze Videos ausgerichtet. Es gibt die Möglichkeit, anderen zu folgen, um ihre neuen Beiträge im eigenen Feed zu sehen. Außerdem kann das eigene Profil auf privat gestellt werden, damit die eigenen Postings nur von Personen gesehen werden können, denen man die Erlaubnis dafür gibt. Der große Vorteil von Instagram: Wir, also die Eltern- (und Großeltern-) Generation, sind oft nicht dort. Zusätzlich ist die Registrierung auf Instagram mit einem Nicknamen, also einem Spitz- bzw. Kurznamen, möglich, was der vermeintlichen Anonymität hilft. »Insta«, wie die Jugendlichen die Plattform oft nennen, ist ein digitales Baumhaus. Würden wir uns alle Instagram-Accounts zulegen, würden die Kinder wahrscheinlich über kurz oder lang zur nächsten Plattform umziehen. Einen Teil dieser Bewegung sehen wir bereits bei einem Paralleldienst: Snapchat.

Während die Privatsphäre auf WhatsApp relativ gut gewahrt werden kann, hat Instagram viel mehr Öffentlichkeitscharakter. Viele Jugendliche möchten nicht, dass ihre Eltern ihren

Instagram-Account sehen. Er dient dem Ausdruck der Individualität und des Teenagerdaseins und ist nicht in jeder Hinsicht elterntauglich. Dies gilt es auch zu respektieren.

Privat und Privatsphäre haben sich in den letzten zwanzig Jahren verändert. Auch wir sind Teil dieser Änderung. Inhalte, die früher öffentlich waren (die Adresse, beispielsweise, die über das Telefonbuch einsehbar war), werden jetzt viel eher als privat betrachtet. Anderes jedoch, was vor zehn oder zwanzig Jahren undenkbar war, wird jetzt der Öffentlichkeit preisgegeben. In dieser neuen Definition von Privatsphäre, die sich im ständigen Wandel befindet, sind wir gefordert, mit den Kindern neue Positionen zu entwickeln. Zentrale Fragen hierbei sind: Was heißt für mich privat? Was darf niemand wissen? Was dürfen Freunde wissen? Was darf jeder wissen?

Kinder in eine digitale Welt zu begleiten heißt, genaue diese Fragen mit ihnen zu besprechen. Aber Vorsicht: In dem Moment, in dem Sie strenge Vorschriften machen, sind diese auch eine Einladung dazu, sie zu brechen. Die Vorschrift »Du darfst keine Nacktbilder verschicken« ist vielleicht gut gemeint, wird jedoch eventuell dieses Thema für die Jugendliche oder den Jugendlichen erst interessant machen. Damit erst entsteht der Reiz des Verbotenen oder die Möglichkeit, eine Regel zu brechen. Besser ist hier die Frage: Welche Bilder von dir würdest du denn gar nicht verschicken? Oder auch die Frage: Wenn mal etwas schiefgehen sollte mit einem Bild von dir, was machst du / machen wir dann? Weißt du, wohin du dich wenden kannst?

Begleiten bedeutet, gemeinsam mit den Kindern den Umgang mit Social Media zu erarbeiten. Eine Art Grundregelbuch, über dessen Einträge diskutiert werden darf und zu dem jeder etwas beitragen kann. Ein Regelwerk, das auch immer hinterfragbar und veränderbar bleibt. In Bezug auf Privatsphäre und Privates braucht es eine Reflexion dessen, was wir von uns zeigen und preisgeben wollen. Dabei kommt es wieder auf unsere Vorbildfunktion als Eltern an. Wenn wir es sind, die Bilder von unseren Kindern ohne ihre Erlaubnis auf Facebook posten oder mittels WhatsApp verschicken, brauchen wir uns nicht wundern, wenn die Kinder es uns gleichtun. Kinder und Jugendliche werden uns vielleicht nicht immer gut zuhören, aber sie werden uns immer nachahmen. Alleine deswegen gilt schon: Vor dem Anfertigen und natürlich auch Versenden von jedem Video oder Foto werden die abgebildeten Personen um Erlaubnis gefragt.

> *Haben Sie schon einmal aus Versehen eine Grenze in der digitalen Welt überschritten? Vielleicht ein Foto von Freundinnen oder Freunden ohne direkte Erlaubnis gepostet oder Kontaktdaten ohne das nötige Okay weitergegeben?*

Privat ist heute anders und es ist unsere Aufgabe, diese Andersartigkeit zu akzeptieren und mitzugestalten. Wir und auch unsere Kinder sind in diesem Fall nicht die Opfer des Internets, sondern können ganz aktiv mitentscheiden, wie Privates und Privatsphäre im 21. Jahrhundert aussehen. Wenn es uns gelingt, dies gemeinsam mit den Kindern zu besprechen, zu verhandeln, zu diskutieren und zu vereinbaren, haben wir einen großen Beitrag zum Schutz der Kinder, aber auch zu ihrer persönlichen Entwicklung beigetragen.

Um hier mit Ihren Kindern ins Gespräch zu kommen, haben sich folgende Fragen bewährt:

- Was heißt für dich privat?
- Was würdest du niemals irgendwo posten?
- Gibt es etwas, was du jemandem nur persönlich, aber nicht über WhatsApp sagen würdest?
- Wie gehst du damit um, dass jede WhatsApp-Nachricht ohne deine Erlaubnis weitergeschickt werden kann?
- Was darf eigentlich jeder von dir wissen?
- Kennst du eine brauchbare Alternative zu WhatsApp? (Signal bietet sich hier an, der verschlüsselte Messenger ist wie WhatsApp kostenlos, kommt jedoch ohne Datenanalyse, Werbung usw. aus).

Der Begriff »privat« hat sich durch die Digitalisierung verändert. Durch gemeinsame Gespräche und Reflexion mit unseren Kindern können wir diesen Begriff hinterfragen und unsere Haltung deutlich machen.
Was »privat« in Zukunft bedeuten wird, können wir dann aktiv mitgestalten.

JUGENDKULTUR IST DIGITALKULTUR

YouTuberin und YouTuber, Instagrammerin und Instagrammer, Influencer, Streamer, Gamer

Mit der Pubertät und dem Beginn der Teenagerzeit orientieren sich Jugendliche zunehmend weniger an ihren Eltern und mehr und mehr an Freundinnen und Freunden. Hier beginnt eine Zeit der Abgrenzung. Eine zentrale Aufgabe von Jugendlichen ist es, für uns als Eltern unverständlich zu sein. Über eigene Räume, eigene Ideen und Unverständlichsein gelingt ihnen eine Abgrenzung von den »Alten«. Als Eltern merken wir das schnell, wenn wir ein Video auf YouTube schauen, das Kinder besonders lustig finden. Der Humor ist für uns oft unverständlich, der Schnitt zu schnell, die einzelnen Szenen und Aussagen hängen auf den ersten Blick nicht zusammen, und wir fragen uns: »Was ist daran lustig?«. In dem Moment, wo wir uns diese Frage stellen, ist die Abgrenzung geglückt. Es ist eben der Raum der Jugendlichen, den wir dort betreten, und so wie wir vielleicht Graffitis an einer Brücke als hässlich empfinden, ist dies für andere kreativer Ausdruck und Kunst.

In den letzten Jahren ist Jugendkultur jedoch überwiegend aus dem öffentlichen Raum verschwunden. Vor 15 Jahren waren die jugendlichen Punks in den Innenstädten gut sichtbar unterwegs, vor ca. 10 Jahren waren es beispielsweise die Emos. Die Punks, die jetzt in den Städten anzutreffen sind, sind inzwischen oft um die 30 Jahre alt und ihrer Szene treu geblieben. Immer wieder gab es Bewegungen in der Jugendkultur, die gut sichtbar den öffentlichen Raum für sich in Anspruch nahmen und oft als Provokation empfunden wurden. Beispiele hierfür lassen sich zahlreiche finden, Punks und Emos sollen hier nur stellvertretend genannt werden. Ein weiteres Beispiel waren die Skater, die mit ihren Skateboards überall anzutreffen waren, wo es sich gut fahren ließ. Inzwischen gibt es zahlreiche Skaterparks und das Skateboard ist im öffentlichen Raum mehr Fortbewegungsmittel als rollende Provokation. Jugendkultur ist immer eine Kultur der Provokation und der Abgrenzung und soll damit emotionale Reaktionen hervorrufen. Diese Aufgabe wahrzunehmen, ist jedoch für Jugendliche heutzutage schwerer als jemals zuvor. Womit soll heute noch provoziert werden?

Wilde und bunte Haare lassen die meisten Eltern kalt, statistisch gesehen rauchen immer weniger Jugendliche und Tätowierungen lösen meist auch keine Wutreden der Eltern mehr aus. Jugendlichen bleibt jedoch noch ein anderer Raum, der bei Eltern beinahe immer auf Unverständnis stößt: die digitale Welt. Jugendkultur ist Anfang des 21. Jahrhunderts überwiegend Digitalkultur geworden. Jugendbewegungen, die jetzt in der Öffentlichkeit sichtbar werden, sind digital organisiert – denken Sie nur an Fridays for Future. Kultur aber findet auf YouTube statt und auf Instagram, in Form von Computerspielen oder Interessensgemeinschaften, die sich spontan und themenbezogen online bilden. Die Idole und Stars der Kinder und Jugendlichen sind auf diesen Medien und auch die Teenager selbst zählen sich zu einer der zahlreichen Subgruppen. Immer wieder gehört man der einen oder der anderen Gruppe an, ist also eher YouTuber oder Instagrammer oder spielt ein bestimmtes Spiel. Die Fortnite-Spieler sind ebenso eine eigene Gruppe, wie die Fans eines deutschen YouTubers. In sich haben sie oft eine eigene Sprache und eigene Codes, bestimmte Ausrüstung oder Kleidungsstücke (die man natürlich haben muss) und ein starkes Zugehörigkeitsgefühl – alles typische Zeichen einer Jugendbewegung beziehungsweise Jugendkultur. Nach außen hin wird dies vielleicht noch durch die genannte Kleidung sichtbar oder allenfalls durch die Sprache – im öffentlichen Raum jedoch sind diese Jugendkulturen nicht sichtbar und provokant wie die vorhergegangenen. Jugendkultur ist auch, wie die gesamte Gesellschaft, sehr stark individualisiert worden. Jeder hat einige YouTube-Stars, die er gerne mag, aber niemand schaut exakt dieselben YouTuber. Auch die Bildschirmspiele wechseln schnell und sind manchmal nur kurzzeitige Trends.

Der digitale Raum erlaubt es Jugendlichen, ihre Entwicklungsaufgaben in einer neuen Umgebung wahrzunehmen. Provokation, Individualisierung und Feedback aus der Peergroup (die inzwischen durch das Internet die ganze Welt umfasst) sind damit in einem einzigen Medium möglich. Das Zugehörigkeitsgefühl, welches Jugendkultur bietet, entsteht über das Internet. Hier können Gruppen sich spontan zusammenfinden und sich unmittelbar an ihren Interessen orientieren. Langeweile ist dort nicht möglich, und falls die Interessen sich ändern, kann mit einem Klick eine neue Gruppe gefunden werden. Durch die hohe Dynamik der Gruppierungen sind diese niemals abgeschlossen, ständig gibt es neue Mitglieder oder alte fallen weg. Die Internetkultur ist somit auch eine Kultur der Unverbindlichkeit. Wo die Skater noch immer mit dem Freundeskreis gemeinsam unterwegs waren, sind die Zugehörigkeiten im Internet unverbindlich und immer im Wechsel. Wer gestern noch begeistert Brawl Stars gespielt hatte und diverse Youtube-Kanäle zum Thema Brawl Stars geschaut hat, ist vielleicht schon morgen überzeugter Fortnite-Fan und wird damit auch Anhänger von ganz anderen YouTube-Stars oder Streamerinnen.

Die digitale Jugendkultur kann sehr aktiv mitgestaltet werden. Jeder und jede kann Videos hochladen und innerhalb eines Spieles kommunizieren. Es gibt keine Aufnahmetests oder Rituale, ein Instagram-Account ist schnell erstellt und innerhalb von Sekunden bereit, mit den eigenen kreativen Inhalten gefüllt zu werden. Die Punks wurden abgelöst von Online-Communities. Vor einigen Jahren war es noch der Kleidungsstil oder Musikstil, der Zugehörigkeit ausdrückte. Jetzt sind es Kanäle auf Streaming-Plattformen und Bildschirmspiele. Influencer auf Instagram sind neue Stars und ihre Communities und Gefolgschaft an Jugendlichen sind über die ganze Welt verteilt. Jugendkultur ist damit nicht mehr lokal verortet, wie es die Punkszene in Wien oder Berlin war und ist. Sie ist ein weltweites Phänomen, das keine Ländergrenzen kennt. Neben Zugehörigkeit zu einer Familie und zu einem Freundeskreis ist somit eine digitale Zugehörigkeit zu unterschiedlichen Gruppen und Subgruppen die dritte wichtige Säule der Identität und Identitätsfindung geworden.

> **Jugendkultur ist heutzutage Digitalkultur und findet damit online statt. Jugendliche gehören oft zu vielen unterschiedlichen Subgruppen, diese können sich rasch ändern. Diese Gruppen und Subgruppen spielen eine wichtige Rolle in Sachen Abgrenzung und Identitätsfindung.**

LERNEN IM DIGITALEN ZEITALTER

Coronaferien – so haben zahlreiche Jugendliche (unabhängig voneinander) die Zeit zwischen Mitte März und Anfang Juni 2020 bezeichnet. Die österreichischen Schulen hatten geschlossen. Beinahe von einem Tag auf den anderen wurde das gesamte österreichische Bildungssystem auf E-Learning und Homeschooling umgestellt. Eltern, die durch Kurzarbeit vermeintlich ohnehin zuhause waren, sollten die schulischen Inhalte mit den Kindern zuhause selbstständig durcharbeiten. Die Schule würde dafür Lernstoff zu Verfügung stellen und über unterschiedliche Plattformen im ständigen Austausch mit den Schülerinnen und Schülern sein. Soweit zumindest die Theorie. Für viele klingt das jedoch erst einmal nicht nach Ferien.

Die Realität aber sah oft anders aus. E-Learning, Distance Learning und E-Education (als Begriffe, die oft austauschbar verwendet werden) sind eigene Formen des Unterrichts. Ein direkter Transfer von »Offline-Inhalten« auf eine digitale Lernplattform funktioniert nicht immer nahtlos. Nicht alle Lehrerinnen und Lehrer verfügten über das entsprechende technische Equipment, über digitale Vorlagen oder die notwendige Medienkompetenz. Wieso auch? Bis jetzt war eine solche Form des Unterrichtens nicht notwendig gewesen. Zahlreiche Schulen sind nicht mit schnellen Internetleitungen ausgerüstet. Den Lehrerinnen und Lehrern gebührt höchster Respekt für das, was sie innerhalb kürzester Zeit aus dem Boden gestampft haben, um einen digitalen Unterricht zu ermöglichen.

Ähnlich sah es auf Seiten der Kinder und Jugendlichen aus. Nicht alle Familie haben die räumlichen Bedingungen, um ungestörten Onlineunterricht zu gewährleisten. Es braucht einen halbwegs modernen Laptop, eine gute Internetverbindung, einen Drucker und Scanner. In Familien mit mehreren Kindern konnte Onlineunterricht auch gleichzeitig stattfinden. Spätestens dann bräuchte es zumindest zwei Computer – das Gerät, welches viele Eltern für ihre Arbeit von zuhause aus benötigen, noch nicht mitgerechnet. Neben den technischen und räumlichen Voraussetzungen aber sind vor allem persönliche Voraussetzungen notwendig. Die Kinder und Jugendlichen müssen sinnerfassend lesen können und sich selbst motivieren. Eltern, die im Homeoffice waren oder in der ersten Phase des Lockdowns verständlicherweise mit eigenen Sorgen und Nöten beschäftigt waren, konnten nicht jede Minute neben ihren Kindern verbringen. Die Schulschließungen waren für viele Kinder Coronaferien, weil es für sie nicht möglich war, an Distance Learning Anschluss zu finden.

Einerseits muss uns das als Gesellschaft große Sorgen machen. Nicht alles, was wir für selbstverständlich halten, ist es auch: technische Ausrüstung, ein ruhiger Raum, die notwendige Medienkompetenz aber auch die Selbstmotivation sind nicht gleich verteilt. Andererseits bedeutet es auch für uns als Eltern ein Umdenken. Es wird immer wichtiger, dass wir unsere Kinder dabei unterstützen, sich selbst motivieren zu lernen. Das selbstgesteuerte Lernen wurde durch Schließung der Schulen auf ein neues Level gehoben. Zahlreiche Schülerinnen und Schüler genießen seit Jahren digitale Nachhilfe über YouTube und andere Plattformen. In ihrem eigenen Tempo können sie sich dort Unterstützung suchen und Videos mit Erklärungen zu beinahe jedem Thema finden. Vor der Zeit des Corona-Virus war dies eine Möglichkeit, die immer wieder genutzt wurde – in den letzten Monaten ist es eine Notwendigkeit geworden.

Gerade jüngeren Kindern können Eltern hier sehr helfen, wenn sie vorab brauchbare Videos auf YouTube suchen. Auf der Plattform finden sich tausende Videos mit Erklärungen, von der einfachen Mathematik im einstelligen Zahlenbereich bis hin zu hochkomplexen Wahrscheinlichkeitsrechnungen. Solche Videos ermöglichen es den Kindern und Jugendlichen, in ihrem Tempo selbstgesteuert zu lernen. Sie können jederzeit angehalten und beliebig oft angesehen werden. Besonders interessant werden diese Videos jedoch dadurch, dass sie oft kind- und jugendgerecht aufbereitet sind. Sie bieten damit auch eine Form von Unterhaltung und ermöglichen es, am Lernen und Verstehen Spaß zu haben.

Folgende Fragen an Kinder können hilfreich sein:

- Kennst du Videos, die dir bei Mathe, Englisch ... helfen?
- Welche Videos findest du gut und welche nicht? Und wieso?
- Welche Videos schauen deine Klassenkolleginnen und Klassenkollegen?

Eventuell gibt es auch die Möglichkeit, gemeinsam mit anderen Eltern Inhalte zu sammeln. Auch wenn die Umstellung auf Distance Learning eine überwiegend ungewollte und radikal schnelle war, ist davon auszugehen, dass gewisse Elemente davon erhalten bleiben oder auch in den Schulalltag übergehen werden. Medienkompetenz früh zu lernen, wird damit für Kinder zunehmend wichtiger. Auch wenn es manchmal seltsam anmutet, im Jahr 2020 dafür noch eine Lanze zu brechen, hat die praktische Erfahrung gezeigt, dass auch die technische Kompetenz bei Kindern nicht so hoch ist, wie angenommen. Kinder und Jugendliche überschätzen die eigene technische Kompetenz oft.

Distance Learning bietet als Unterrichtsmöglichkeit zahlreiche Vor- und Nachteile. Wie bei allen Systemen gibt es Personen, die Vorteile besser für sich nützen können, und Personen, die unter den Nachteilen unverhältnismäßig stark leiden. Die pädagogische Forschung hat gezeigt, dass Distance Learning vor allem dann gut funktioniert, wenn entweder ein hohes Maß an Eigenmotivation und Selbstkontrolle vorhanden ist oder die Lehrperson eine starke Beziehung aufbauen kann oder diese bereits im Offline-Unterricht aufgebaut hat. Der Faktor Beziehung erklärt auch, warum Kinder gut mit Videos lernen können, von denen sie sich sehr konkret angesprochen fühlen. Hier punkten die YouTuber mit Authentizität und helfen so, dass Inhalte besser hängen bleiben.

Wie beim Offline-Unterricht ist es für Eltern wichtig, die Lernerfahrungen und Beziehungserfahrungen auch im Online-Unterricht anzusprechen. Wir können unsere Kinder immer Fragen, wie der Schultag oder der Unterricht war, auch wenn dieser online stattgefunden hat. Diverse Lernplattformen können ebenfalls hilfreich sein. Eine der bekanntesten kostenlosen Plattformen ist die Khan Academy. Hier finden sich Videos primär zum Thema Mathematik, aber auch zu anderen Themenfächern. Zusätzlich gibt es zahlreiche Übungsbeispiele, die direkt online ausgefüllt werden können. Kinder können Abzeichen für das Erledigen von Aufgaben sammeln und werden somit auch motiviert weiter zu lernen. Sie finden die Khan Academy unter https://de.khanacademy.org.

Kinder lernen primär in Beziehungen, nicht von Bildschirmen. Die Situation um COVID-19 hat dies verdeutlicht. Selbstständig lernen können und Inhalte erarbeiten können, wird zunehmend eine zentrale Fähigkeit. YouTuber haben dies bereits erkannt. Es ist wichtig, Kinder zu einem selbstständigen Lernen und Erarbeiten von Inhalten zu begleiten.

Vom Zuschauen zum Begleiten

Im ersten Teil dieses Buches ging es darum, besser verstehen zu lernen, was Kinder und Jugendliche an der digitalen Welt fasziniert. Verstehen ist wichtig, um einen Einblick zu bekommen. Gutes Verständnis und ehrliches Interesse sind Ihre Eintrittskarte. Mit dieser Eintrittskarte wird es möglich, die digitalen Lebenswelten zu betreten und nicht als Kontrollinstanz wahrgenommen zu werden. In beinahe allen Fällen führt das Wahrnehmen von Kontrolle zu einem Verheimlichen von Verhalten. Wenn Kinder aber ihre Eltern als Begleiter und Unterstützer wahrnehmen, sind sie beinahe von selbst meist viel offener. Kontrolle wird schnell zum Machtkampf: Wer ist stärker? Wer kann besser geheim halten? Wer kann sich durchsetzen und hat den längeren Atem? Begleiten ist etwas Gemeinsames. Wenn Sie sich ihr Kind auf einem Spielplatz vorstellen, wird klar, warum Kontrolle als Mechanismus ungeeignet ist. Kontrolle würde bedeuten, jede Schraube am Kletterturm vorab zu prüfen und jeden Schritt, den das Kind macht, zu überwachen. Auf Spielplätzen begleiten wir Kinder ganz instinktiv: Wir halten einmal mehr und einmal weniger Abstand, geben die Hand, wenn eine Kletteraktion ein wenig höher ausfällt oder fangen Kinder am unteren Ende der Rutsche auf. Wir sind damit beim Entdecken und beim Spiel dabei, aber nicht im Weg. Das Kind kann ausprobieren und neue Fähigkeiten entwickeln und hat dabei aber immer die Sicherheit, dass wir als Eltern aufpassen.

In einem nächsten Schritt ist es wichtig, die Kinder dort, wo sie schon Expertinnen und Experten sind, zu begleiten. Dies mag am Anfang wie ein Widerspruch klingen – und ist eine Frage, die Eltern immer wieder beschäftigt: Wie soll ich meine Kinder in einer digitalen Welt begleiten, in der ich mich so gar nicht auskenne?

Die Antwort darauf ist relativ einfach: Sie müssen sich gar nicht auskennen. Durch den rasanten Wandel und die ständig neuen Möglichkeiten kennt niemand sich wirklich vollständig in der digitalen Welt aus. Wir können die besten Expertinnen und Experten für Facebook werden. Sobald wir es aber sind, haben die Kinder und Jugendlichen Facebook schon lange verlassen. Es ist vollkommen ausreichend, sich in der wirklichen physischen Welt auszukennen. Die gesellschaftlichen Regeln bleiben im Großen und Ganzen immer gleich. Ein Beispiel: Niemand darf irgendjemanden beleidigen. Ob dies online oder offline passiert, ist vollkommen egal. Schon haben Sie einen Teil der Antwort auf die Frage, wie es gelingen kann, Kinder zu begleiten. Wenn es in der Offline-Welt nicht erlaubt ist, ist es auf WhatsApp auch nicht erlaubt. Um diese Haltung und Einstellung ihren Kindern zu vermitteln, müssen Sie nicht wissen, was WhatsApp genau ist, wem es gehört, ob es kostenpflichtig ist oder nicht und welche zusätzlichen Funktionen die neue Version hat.

Wir haben unseren Kindern viele Jahre Lebenserfahrung voraus. Diese Lebenserfahrung hat uns schon einiges gelehrt. Wir wissen, dass vieles Kostenlose meist einen versteckten Preis hat. Wir haben zum Beispiel gelernt, Werbung von recherchiertem Inhalt zu unterscheiden und Formen von Überwachung zu erkennen. Außerdem haben wir den moralischen Kodex unserer Gesellschaft verinnerlicht. Diese grundlegenden Dinge haben wir bereits erfahren, ohne dass wir detailliertes Wissen über die angesagtesten Apps oder das neue Smartphone von Google haben.

> *Wo sind Ihre großen digitalen Fragezeichen? Wo kennen Sie sich gar nicht aus? Wen könnten Sie heute fragen, um hier etwas Neues zu lernen? Vielleicht sogar die eigenen Kinder?*

Um mit grundlegenden Rahmenbedingungen gewisser Onlinedienste dennoch vertraut zu werden, gehen die folgenden Kapitel auf zentrale Fragen ein und bieten hierzu auch Denkanstöße, wie sie mit Ihren Kindern ins Gespräch kommen. Es werden diverse Applikationen vorgestellt, ihre Rolle im Familienalltag wird besprochen und praktische Tipps und Tricks gezeigt.

DIE WICHTIGSTE FRAGE

In einer Zeit, in der es auf alles online innerhalb von Sekunden eine Antwort gibt, ist die Qualität unserer Fragen viel wichtiger geworden. Ein kleines Beispiel: Wenn Sie auf Google nach »Bestes Smartphone des Jahres«, »Bestes Smartphone 2018« und »Bestes Smartphone 2018 mit Android« suchen, bekommen Sie dreimal vollkommen unterschiedliche Suchergebnisse als Antwort auf eine relativ ähnliche Frage. Sie landen dann entweder auf der Website eines Technikmagazins, das umfangreiche Tests mit Smartphones durchführt, oder in einem Forum, wo User hitzig über die unterschiedlichen Smartphones debattieren. Nur einen Klick weiter ist ein vermeintliches Testportal, das allerdings nur als Tests getarnte Inserate schaltet und durch die Verlinkung zu einem Onlineshop mit den Verkäufen verdient.

Eine vermeintlich simple Frage führt damit zu unterschiedlichsten Antworten, von denen manche passend und andere wieder weniger passend sind. Damit wir uns in diesem Dschungel an Informationen, Werbungen, Inseraten, Foren, Nachrichten und Sozialen Medien zurechtfinden, müssen wir an der Qualität unserer Fragen arbeiten. Je exakter und genauer unsere Frage, desto eher gelingt es, etwas zu hinterfragen, und umso passgenauer wird die Antwort ausfallen. Und gleichzeitig müssen wir unser kritisches Denken schulen und den Kindern und Jugendlichen immer wieder helfen, Inhalte aus dem Internet kritisch zu hinterfragen.

Hier bietet sich die Frage nach dem Warum an. Es ist diese Form von Neugierde, die wir an unsere Kinder weitergeben müssen, damit sie selbst lernen, Inhalte in der digitalen Lebenswelt kritisch zu hinterfragen. Warum ist dieses Ergebnis das erste? Warum wurde diese Information online gestellt? Auch hier sehen wir wieder: Wir müssen die Antworten nicht haben, nicht mehr wissen als unsere Kinder, sondern in der Lage sein, zu hinterfragen und gemeinsam zu recherchieren. Unser eigener kritischer Geist führt uns durch die digitalen Lebenswelten. Nach dem zweiten oder dritten »Warum?« müssen beinahe alle Menschen nachfragen oder recherchieren gehen.

Unter diesem Warum verstehe ich Folgendes: Wie die Oberösterreichische Jugend-Medien-Studie und der Safer Internet Monitor zeigen, benutzen über 90 % der Jugendlichen in Österreich WhatsApp. WhatsApp als Nachrichtendienst ermöglicht es uns, Nachrichten, Bilder, Videos, Standorte, Kontakte und mehr zu verschicken. Wir können Gruppen bilden, uns mit

Menschen auf der ganzen Welt austauschen, telefonieren und videotelefonieren. All das mit einer einzigen App, die so gut wie alle unsere Freundinnen und Freunde auch besitzen.

Zwischenfrage: Bezahlen Sie etwas für WhatsApp? Ist WhatsApp also kostenpflichtig? Die Antwort: Nein, natürlich nicht. Sie haben WhatsApp kostenlos auf Ihr Handy geladen und können es auch entsprechend kostenlos uneingeschränkt benutzen. Über 1,8 Milliarden Menschen weltweit benutzen WhatsApp laut Angaben des Unternehmens selbst. Es stellt sich hier also eine zentrale Frage: Wie verdient der Instant-Messaging-Dienst Geld? Warum sollte die Firma WhatsApp Inc. mit Sitz in Kalifornien, USA, diesen Dienst Milliarden an Menschen weltweit kostenlos zur Verfügung stellen? Was ist das Geschäftsmodell, an dem wir alle in irgendeiner Form beteiligt sind?

Diese Frage nach dem Warum lässt sich Kindern und Jugendlichen sehr gut stellen: »Warum, glaubst du, ist WhatsApp kostenlos?« Falls Sie die Antwort nicht wissen, lässt sich das ausgezeichnet auf Google recherchieren.

Diese Frage lässt sich auf die unterschiedlichsten Bereiche der digitalen Lebenswelten anwenden: »Warum ist Fortnite (ein momentan beliebtes Computerspiel) kostenlos?«; »Warum ist YouTube kostenlos?«; »Warum sind Snapchat und Instagram kostenlos?« Falls Sie die Frage ein bisschen umformulieren möchten, lässt sie sich auch mit einem Wie am Anfang stellen: »Wie verdient Facebook Geld?«; »Wie verdient eine YouTuberin oder ein YouTuber Geld?« Bei öffentlich geteilten Informationen können wir fragen: »Warum stellt die Person / die Plattform diese Information online?«, und bei Forumposts: »Warum ist diese Person eine Expertin oder ein Experte? Woher hat sie ihre Informationen?«

Diese Fragen sind es, die es ermöglichen, unsere Positionen mit Wissen zu unterfüttern. Es sind auch genau diese Fragen, die sich sehr oft ohne Smartphone bei einem gemütlichen Abendessen in der Familie diskutieren lassen. Zum Beispiel könnten Sie während einem Essen ganz spontan sagen: »Wir benutzen doch alle in der Familie WhatsApp, haben sogar eine Familiengruppe. Warum bezahlt da eigentlich niemand was dafür? Hat wer von euch eine Idee?«. Die Frage nach dem Warum befeuert das kreative und kritische Denken. Im Idealfall wird sie bei digitalen Medien zu einer Art Reflex. Bei jedem neuen Dienst, jeder App, jedem Spiel können wir fragen: »Warum ist das kostenlos?«, »Warum ist das so faszinierend für mich?«

Jedes Mal, wenn Sie eine Antwort bekommen, hängen Sie noch eine Frage dran. Damit können wir bei vermeintlich schnellen Antworten noch mehr in die Tiefe gehen. Es ist diese Form von Informationskompetenz, die wir als Eltern, aber eben auch Kinder und Jugendliche brauchen. In Zeiten von Fake News und vermeintlich kostenlosen Angeboten, brüchiger Privatsphäre und ständig neuen Diensten, die unsere Aufmerksamkeit erfordern, ist es noch wichtiger geworden, alles zu hinterfragen.

> *Welche Frage in Bezug auf das Internet hat Sie schon lange beschäftigt? Ist es vielleicht Zeit für eine ausführliche Internetrecherche, um eine erste Antwort zu finden?*

Zentral dabei ist, dass Sie den Kindern keine fertigen Antworten liefern müssen. Sie können Ihre Kinder dazu auffordern, selbst zu recherchieren und sich ihre eigene Meinung zu den gefundenen Informationen zu bilden. Diese Antworten sind es dann, die weiter besprochen werden können.

Am Beispiel von WhatsApp sieht das so aus: Warum ist WhatsApp für den Endverbraucher kostenlos? WhatsApp verdient kein Geld mit Werbeschaltungen, im Gegensatz zu YouTube und Facebook. Auch unserem Netzbetreiber bezahlen wir nichts dafür, und auch die Downloadanbieter Google Play Store oder App Store zahlen weder noch bekommen sie etwas für die Downloads von WhatsApp – um einige gängige Theorien von Kindern zu nennen.

Was bekommt WhatsApp also von uns, was sich zu Geld machen lässt? Die Antwort ist simpel: Daten. WhatsApp kann Daten von uns verwenden, weitergeben, verarbeiten, auswerten und verkaufen. Umfangreiche Daten ermöglichen personalisierte Werbung. Eine häufige Frage von Kindern ist, ob WhatsApp das darf. Nach unserer Zustimmung zu den AGB von WhatsApp haben wir dem Dienst den Zugriff auf unsere Daten erlaubt. In den AGB sind alle Informationen angeführt, die WhatsApp von uns sammeln, verarbeiten und weitergeben darf. Wir bezahlen die Firma WhatsApp Inc. also mit unseren Daten. Alle Details dazu lassen sich ganz transparent auf der Website von WhatsApp nachlesen. WhatsApp selbst darf diese Daten anschließend mit dem Mutterkonzern Facebook teilen. Facebook wiederum kann die gesammelten Daten zu Analyse- und Werbezwecken weltweit und uneingeschränkt verwenden.

Bedeutet dies, dass wir WhatsApp nicht mehr benutzen sollen? Eine vermeintlich einfache Frage, auf die die Antwort nicht so einfach ausfällt. Jede Konsumentin und jeder Konsument muss für sich selbst entscheiden, ob sie oder er sich mit diesen Rahmenbedingungen einverstanden erklärt. Falls nicht, muss eine Alternative gewählt werden. Im Sinne der Transparenz aber ist es sowohl für uns als auch für Kinder wichtig, genau zu wissen, unter welchen Bedingungen wir die unterschiedlichen Dienste nutzen. Den meisten Jugendlichen ist nicht bewusst, wie das erfolgreiche Geschäftsmodell von WhatsApp aussieht. Wenn wir das Modell verstehen, können wir selbstständig und frei entscheiden, ob wir bestimmte Dienste unter diesen Bedingungen nutzen wollen – Alternativen gibt es zur Genüge, beispielsweise die Messenger-Dienste Signal und Telegram. Beides sind kostenlose, werbefreie Alternativen, die Wert auf Datenschutz legen und die Daten der Userinnen und User nicht weiterverkaufen. Finanziert werden diese Alternativen über Spenden und freiwillige Unterstützerinnen und Unterstützer. Bei beiden Diensten kann der gesamte Programmcode eingesehen werden. Ein heimliches Abzweigen von Daten oder Mitlesen ist damit technisch beinahe unmöglich.

Die Qualität Ihrer Antworten ist in einer Zeit, in der jede Information online abrufbar ist, nicht mehr so wichtig wie die Qualität Ihrer Fragen. Kinder und Jugendliche in eine digitale Welt zu begleiten, bedeutet, ihnen beizubringen, alles zu hinterfragen und der digitalen Welt gegenüber kritisch zu sein. Geschäftsmodelle und Firmen ändern sich, unsere Frage nach dem Warum bleibt allerdings gleich. Damit begeben wir uns auf eine (Online-)Suche nach Antworten.

Hier sind ein paar mögliche Fragen, bei denen es sich jedenfalls immer lohnt, zu recherchieren:

- Warum ist WhatsApp kostenlos? (Oft die Einstiegsfrage, da WhatsApp aktuell die größte Verbreitung hat.)

- Warum sind Snapchat, Facebook, Instagram, Twitter, Tumbler, Kik, Houseparty und Skype kostenlos?
- Warum sind tausende Spiele am Handy kostenlos?
- Warum ist YouTube kostenlos?
- Warum ist Google kostenlos?
- Warum sind Google Mail und GMX kostenlos?
- Was dürfen diese Firmen jeweils mit unseren Daten machen?
- Warum wird mir diese bestimmte Werbung gezeigt?

Ein weiterer Vorteil beim geschickten Fragenstellen: Es ist eine Fähigkeit, die Kinder in vielen Situationen im Leben einsetzen können. Um zu üben, brauchen wir nicht unbedingt ein Smartphone. Das kritische Hinterfragen ist eine zentrale Fertigkeit in einer überinformierten Welt. Gleichzeitig trainieren wir bei der Antwortsuche auch unsere Informationskompetenz. Wenn Kinder und Jugendliche ihre Ergebnisse präsentieren, üben sie auch, komplexe Informationen wiederzugeben.

Genau mit dieser Frage können wir als Eltern in die Rolle der Begleiter kommen. Wir sind keine Kontrolleure, die über Verhalten Bescheid wissen wollen. Wir fragen unsere Kinder nach dem guten Grund. Warum ist ein Spiel besonders interessant? Warum möchtest du WhatsApp haben? Auf die Gründe können wir dann mit Argumenten gut eingehen und kommen in eine Diskussion. Damit verlassen wir den verneinenden Standpunkt. Und es gibt uns Möglichkeiten, nach Alternativen zu suchen. Wenn bei einem Spiel besonders lustig ist, dass man Figuren sammeln und Wettkämpfe austragen kann, aber unpassende Werbung gezeigt wird, können wir dann mit dem Kind eine Alternative zu diesem Spiel suchen. Am Spielplatz würden wir für den zu hohen und gefährlichen Kletterturm wahrscheinlich auch eine andere Option suchen. Weder würden wir das Kind alleine klettern lassen (ihm also das Smartphone ungefiltert und ohne Begleitung überlassen), noch würden wir uns hinstellen und sagen: »Ich finde Klettertürme grundsätzlich blöd, unnötig und eine Zeitverschwendung und du darfst nicht auf Klettertürme klettern.« Die Frage nach dem Warum hilft beim Verstehen von Motiven, beim kritischen Hinterfragen und bei der Suche nach guten Alternativen. Gerade wenn wir die Motivation und das Interesse von Kindern und Jugendlichen an bestimmten Apps oder Spielen besser verstehen, können wir als Eltern auch besser und unaufgeregter mit ihnen darüber sprechen und sie begleiten.

WER SIND UNSERE VORBILDER?

Von wem lernen wir eigentlich, digitale Medien zu nutzen? Wer bringt uns bei, wie ein Smartphone »richtig« zu verwenden ist? Von wem lernen wir fernzuschauen? Wer zeigt uns, in welchen Situationen es angebracht ist, einen Blick auf das Smartphone zu werfen – und in welchen Situationen nicht?

Die Antwort liegt auf der Hand. Wir sind die Vorbilder für unsere Kinder. Bevor Jugendliche beginnen, sich vermehrt nach außen zu orientieren (und uns doch heimlich auch in vielerlei Hinsicht als Vorbilder behalten), haben sie uns weit über zehn Jahre täglich beobachtet. Sie sehen uns beim Fernschauen, beim Umgang mit dem Handy, bei der Arbeit am Computer oder am Tablet, beim Lesen mit dem E-Book-Reader und beim Training mit der Smartwatch zu. Sie beobachten uns, wie wir nach dem läutenden Telefon greifen, beim Abendessen noch schnell eine SMS schreiben oder abwesend am Sofa sitzen und ein Spiel am Tablet spielen. Sie merken, ob wir Stress haben, wenn unser Telefon keinen Akku hat, und auch ob wir nervös werden, wenn unsere Freunde nicht sofort zurückschreiben.

Menschen lernen durch Beobachtungen und Nachahmungen um ein Vielfaches besser als über Sprache und Erklärung. Wir können unseren Kindern hunderte Vorträge über Smartphone-Nutzung, Sucht, die Gefahr von Videospielen und die Schattenseiten des Internets halten. Wenn sie uns im selben Atemzug dabei beobachten, wie wir selbst nach dem Smartphone greifen, es morgens gleich in der Hand haben und abends als Letztes weglegen, werden wir ihnen immer etwas anderes vorleben als das, was wir ihnen so wohlmeinend erzählen.

> *Welche tägliche Verhaltensweise haben Sie von Ihren Eltern übernommen? Wo haben Ihre Eltern vielleicht von etwas gesprochen, aber es selbst nicht getan?*

Medienpädagogik beginnt von Geburt an. Wie im Anfangsbeispiel mit Klaus werden Kinder in eine Medienwelt hineingeboren und sind schon von Anfang an Teil dieses Systems. Bevor sie ihr erstes eigenes Gerät haben, beobachten sie uns als Eltern viele Jahre lang täglich im Umgang mit unseren eigenen Smartphones und Tablets. Medienpädagogik beginnt somit auch nicht erst bei den Kindern, sondern zuerst bei uns. In unserer Vorbildfunktion müssen wir uns fragen, welches Bild von Medien wir unseren Kindern vermitteln wollen. Hierzu ein paar Beispiele aus unterschiedlichen Situationen, die in Familien zu beobachten sind:

Der Sohn von Familie Müller ist fünf Jahre alt. Max hat kein eigenes Smartphone oder Tablet. Die Eltern sind immer sehr darauf bedacht, diese Geräte nicht direkt vor ihm zu benutzen. Im Bett oder am Familiensofa sind Handy und Tablet nicht erlaubt. Wenn Max Interesse zeigt, erklären ihm die Eltern, dass diese Geräte für Erwachsene sind und kein Spielzeug für Kinder.

Die Tochter von Familie Meier ist drei Jahre alt. Emelie spielt gerne und tobt im Haus herum, immer wieder will sie mit lauten Rufen die Aufmerksamkeit ihrer Eltern bekommen. Diese sind jedoch in ihre Handys vertieft und gerade auf Facebook unterwegs. Emelie muss sich ziemlich anstrengen, damit Mutter und Vater vom Handy hochblicken. Wenn Emelie zu unruhig wird, darf sie am Tablet YouTube schauen. Hier taucht sie ganz in die Welt der Kinderserien ein und ist damit immer für mindestens eine Stunde beschäftigt. Inzwischen kann sie die YouTube-App auch schon ein bisschen selbst bedienen und fordert immer wieder das Tablet ein.

Bei Familie Rössler ist ein Handy immer dabei. Die Mutter von Tobias arbeitet in leitender Funktion und muss immer erreichbar sein. Egal ob beim Abendessen oder im Urlaub, das Telefon ist immer aufgeladen in der Tasche und auf laut gedreht. Tobias' Vater kann mit Smartphone und Tablet nicht viel anfangen; er sieht manchmal gerne mit ihnen fern, besitzt jedoch selbst keines dieser beiden Geräte. Er geht gerne mit Tobias spazieren oder wandern.

Familie Herbst hat alles, was technisch möglich ist. Vom Staubsaugerroboter bis zur Sprachsteuerung für Licht und Geräte im Haushalt probieren sie gerne alles aus. Ihre Tochter Lisa hat mit sieben Jahren sowohl ein neues Smartphone als auch ein Tablet und soeben erst zu ihrem Geburtstag einen E-Book-Reader bekommen. Technik hat Lisa immer schon fasziniert; sie kann schon ein bisschen programmieren und verbringt viel Zeit vor dem Bildschirm. Dennoch gibt es bei Familie Herbst die Regel, dass alle Geräte beim Familienessen ausgeschaltet sein und abends spätestens um 19 Uhr weggelegt werden müssen.

In diesen vier Beispielen, die typische Familien darstellen, zeigen sich ganz unterschiedliche Vorbildfunktionen, die Eltern einnehmen. Wir können unseren Kindern zeigen, dass es immer wichtig und dringend ist, sofort auf jeden Telefonanruf zu reagieren, oder dass ständige Erreichbarkeit nicht notwendig ist. Wir entscheiden, ob Smartphones Arbeits- oder Freizeitgeräte sind, vielleicht auch beides – auf jeden Fall bestimmen wir, welche Rollen wir den Geräten zuschreiben.

Unsere Vorbildfunktion zeigt sich primär in unserer Haltung im Familienalltag. Ohne zu bewerten, welche Vorbildfunktion »richtig« oder »falsch« ist, ist es wichtig, sie bewusst einzunehmen. Wir können sie mit unseren Partnerinnen oder Partnern besprechen und, wenn möglich, zu einer gemeinsamen Position machen. Wichtig ist, dass wir es mit Absicht tun und uns immer wieder fragen, ob dies die Rolle ist, die wir unseren Kindern vorleben wollen. Lieber mit Vorsatz und ganz bewusst die Geräte viel nutzen und den Kindern erklären, dass es eben Geräte für Erwachsene sind oder eine Form der Freizeitgestaltung, als selbst immer nur heimlich zu konsumieren und den Kindern zu erklären, dass Smartphone und Tablet ohnehin nicht interessant sind.

Folgende Fragen sind hilfreich und können als Grundlage zu eigenen Überlegungen dienen:

Bei 0- bis 3-Jährigen

- Benutzen wir Medien vor unserem Kind? Und welche?
- Soll unser Kind auf unser Smartphone oder Tablet schauen dürfen, wenn wir es benutzen?
- Wie reagieren wir, wenn unser Kind nach dem Smartphone oder Tablet greift?

Bei 3- bis 6-Jährigen

- Wie erklären wir unserem Kind, wozu wir Smartphone und Tablet nutzen?
- In welchen Situationen ist es in Ordnung, ein Smartphone oder Tablet zu benutzen? Wie ist das beim Abendessen, beim Spaziergang, im Urlaub?
- Sind wir immer telefonisch erreichbar und zeigen unserem Kind das auch?

Bei 6- bis 10-Jährigen

- Wie erklären wir unserem Kind, warum andere Menschen Medien anders nutzen als wir?
- Wie viele Stunden nutzen wir Medien so, dass unser Kind es mitbekommt?
- Welche Inhalte sind für uns nicht in Ordnung? Was darf / soll unser Kind nicht sehen?

10 Jahre oder älter

- Wie kann es uns gelingen, neugierig auf die »Eigenheiten« der angesagten Apps, YouTuberinnen und YouTuber und andere Trends zu sein?
- Was ist uns wichtiger: Kontrolle oder Vertrauen? Oder lässt sich beides vereinen?
- Wie zeigen wir unserem Kind, dass wir ihm vertrauen?

Auf diese Fragen gibt es – wie immer – keine richtigen oder falschen Antworten. Jede Familie, jede Person, findet hier Antworten für sich. Wichtiger als die Antwort selbst sind das Diskutieren der Frage und anschließend die konsequente Einnahme einer Haltung. Jedes Mal, wenn wir unsere Vorbildfunktion wahrnehmen und Haltung gegenüber unserem Kind zeigen, wird es von uns lernen, was wir lehren wollen. Der größte Teil im Umgang mit modernen Techniken sowie Onlineinhalten wird gelernt, ohne dass Kinder ein Gerät in der Hand haben müssen.

Etwas Ähnliches machen wir im Straßenverkehr ganz automatisch. Anfangs tragen oder führen wir die Kinder im Kinderwagen, später gehen sie an unserer Hand, dann lose neben uns und schließlich auch alleine. Bei jedem Zebrastreifen und jeder roten Ampel zeigen wir unseren Kindern, wie man sich durch den Straßenverkehr bewegt, welche Regeln einzuhalten sind (und welche gelegentlich auch großzügig ausgelegt werden dürfen). Ein reines Familiengespräch zum Thema Verkehr wird niemals denselben Effekt haben wie jahrelanges gemeinsames Bewegen in der Welt. Genauso ist es auch bei digitalen Medien, die nicht weniger Bestandteil unseres Lebens sind als der Straßenverkehr.

Noch ein paar Ideen für ein gemeinsames Vorleben einer »digitalen Medienkultur« in der Familie:

- *Ein Handykindergarten* Der Ort, an dem alle Geräte liegen, wenn sie gerade nicht benutzt werden. Im Idealfall mit Ladegeräten ausgestattet, vielleicht eine Lade oder ein Fach in einem Schrank. Dort können alle Familienmitglieder ihr Gerät ablegen. Damit wird es nicht spazieren getragen und kann aufgesammelt werden, wenn es gebraucht wird.

Ältere Kinder möchten manchmal eine eigene Lade – wegen der Privatsphäre – was natürlich auch verständlich und machbar ist. Wichtig hierbei ist es nur, dass auch Sie als Eltern Ihre Geräte dort platzieren. Auch Tablets und Laptops fühlen sich dort wohl.

- *Medienfreie Zeit* Eine in der Familie vereinbarte Zeit, wo niemand digitale Medien nutzt. Empfehlenswert ist meist das gemeinsame Essen oder ein Brettspielabend. Eine bewusste, gemeinsame Auszeit, die für alle gilt.
- *Medienfreier Ort* Vielleicht das Familiensofa oder auch alle Betten in der Wohnung oder dem Haus. Orte, an die niemand ihr oder sein Smartphone oder Tablet mitnimmt. Diese Orte können auch mit einem selbstgebastelten Schild gekennzeichnet werden und sind damit Rückzugsorte von der digitalen Welt.

Im Idealfall ist es möglich, als Familie gemeinsame Regeln aufzustellen, die für alle Familienmitglieder gültig sind. Nicht nur das Kind darf beim Essen kein Smartphone nutzen, wir als Eltern dürfen das dann entsprechend auch nicht. Wir senden sonst den Kindern widersprüchliche Signale: du darfst nicht, ich darf schon. Eigentlich macht man das nicht, aber ich mache es jetzt schon. Wenn Sie sich auf Handykindergarten, medienfreie Zeit und medienfreien Ort einigen können, sollte dieser für alle Gültigkeit besitzen und entsprechend eingehalten werden.

DER ZEITPUNKT FÜR EIN EIGENES SMARTPHONE

Das erste private Fenster in die digitale Welt ist für die meisten Kinder und Jugendlichen das eigene Smartphone. Die Entscheidung, wann der richtige Zeitpunkt für ein erstes eigenes Smartphone gekommen ist, ist in vielen Familien eine große und heiß diskutierte. Sobald es ein eigenes Smartphone gibt, gehen große Teile von Kontrolle und Übersicht verloren, da Kinder und Jugendliche nun selbstständig walten, vielleicht selbst Apps installieren und über ihren eigenen Zugang zur digitalen Welt verfügen.

Die Frage nach dem richtigen Zeitpunkt lässt sich kurz und knapp beantworten: so spät wie möglich, aber so früh wie nötig. Was ist damit gemeint? Der richtige Zeitpunkt hängt immer vom einzelnen Kind ab und lässt sich damit nie pauschal beantworten. Es gibt 8-jährige Kinder, die über ein eigenes Smartphone verfügen, sich jedoch gar nicht wirklich dafür interessieren. Sie benutzen es, um einmal schnell die Mutter anzurufen oder dem Großvater ein Foto zu schicken, beachten es jedoch sonst nicht weiter. Es gibt jedoch auch Kinder im gleichen Alter, die von ihrem Smartphone gar nicht zu trennen sind und am liebsten jeden Tag mehrere Stunden damit verbringen wollen. Manche Kinder sind im Alter von 10 Jahren reif genug für ein eigenes Gerät, bei manchen 16-jährigen Jugendlichen zweifelt man berechtigterweise, ob sie schon so weit sind.

Wann hatten Sie Ihren ersten eigenen Computer?
Wie sind Sie mit dem Gerät umgegangen?
Hat die Faszination irgendwann nachgelassen?

In den meisten Klassen, egal ob Volks- oder Mittelschule, gibt es einen Punkt, ab dem die Dichte an Smartphones ein recht hohes Ausmaß erreicht. Wenn circa die Hälfte aller Kinder über ein eigenes Gerät verfügt, wandert die Kommunikation plötzlich in die digitale Welt. Es gibt eine Klassengruppe auf WhatsApp und in dieser werden die wichtigsten Infos kommuniziert. Dort wird auch die Hausübung diskutiert. Die Kinder, die zu diesem Zeitpunkt noch nicht über ein eigenes Smartphone verfügen, bleiben oft außen vor. Manchmal können sie das Smartphone der Eltern nutzen. Wenn dies in der Klasse bekannt wird, reagieren jedoch manchmal die Klassenkolleginnen und Klassenkollegen eher zurückhaltend, da sie sich von Eltern schnell kontrolliert fühlen.

Der richtige Zeitpunkt für ein erstes eigenes Smartphone ist also immer etwas Individuelles, das mit dem Kind abgestimmt werden muss. Kinder sind bereit für ein eigenes Gerät, wenn sie schon ein wenig über das Internet und Smartphones wissen, wenn sie verantwortungsvoll mit Informationen umgehen können und wenn sie, zum Beispiel beim Smartphone der Eltern, gelernt haben, es wegzulegen oder abzuschalten. Wenn wir das erste eigene Smartphone bei den Kindern mit Verantwortung koppeln, ist es ein wenig, wie das erste Mal selbst zur Schule zu gehen oder mit dem Fahrrad ohne die stützende Hand der Eltern loszufahren. Das sind Tätigkeiten, die ein Maß an Verantwortung brauchen, die neue Freiheiten bringen und auch Spaß machen dürfen. Und es sind Freiheiten, die wir vorher mit den

Kindern gemeinsam vorbereiten. Ähnlich kann es auch mit dem ersten eigenen Smartphone passieren.

Hier ist es auch die Frage nach dem Warum, die erste Gespräche eröffnen kann. »Warum möchtest du denn ein eigenes Gerät?«, lädt die Kinder ein, ihre eigene Position darzustellen und zu argumentieren, warum denn jetzt der richtige Zeitpunkt ist. Hören Sie an dieser Stelle gut auf die Argumente Ihrer Kinder und hinterfragen Sie diese auch. Das Kind darf sich ruhig überlegen, wieso ein eigenes Smartphone wichtig ist. Wenn die Antwort ist: »Weil alle eines haben«, ist das vielleicht auch ein guter Zeitpunkt, um über Gruppendruck zu reden oder nachzufragen, wofür und wie die Geräte benutzt werden. Ein gemeinsames konstruktives Gespräch ermöglicht Ihnen einen Einblick in die Denkweise Ihres Kindes und hilft Ihnen, einzuschätzen, ob es schon so weit ist. Die Zeit vor dem ersten eigenen Gerät des Kindes kann dazu genutzt werden, Grundregeln auszumachen. Dies ist viel schwieriger, wenn eine Jugendliche oder ein Jugendlicher schon jahrelang uneingeschränkt ein Smartphone benutzen durfte. Die Gespräche unmittelbar vor dem ersten Gerät bereiten das Fundament für die spätere Nutzung. Hier leisten Sie grundlegende Arbeit, die alle späteren Situationen weitaus einfacher machen kann. Diese Arbeit geht über das gemeinsame Gespräch und das Vereinbaren von Regeln hinaus.

Der richtige Zeitpunkt ist dann gekommen, wenn Ihr Kind Sie überzeugen kann, dass es bereit für ein erstes eigenes Smartphone ist. Ein Mittelweg, den manche Familien wählen, ist, den Kindern zuerst ein Mobiltelefon ohne smarte Funktionen zu kaufen – auch solche gibt es noch. Das Kind kann dann die Eltern anrufen oder eine SMS schreiben, hat jedoch noch keinen Zugriff auf die komplette digitale Welt der Apps und sozialen Netze. Zu dem Zeitpunkt, wenn Ihr Kind das erste Mal nach einem eigenen Gerät fragt, hatten Sie vorher meist einige Jahre Zeit, um zu zeigen, wie ein vernünftiger Umgang mit einem Smartphone aussehen kann. Diese Vorbereitung ist in vielerlei Hinsicht bedeutend. Gemeinsame Gespräche am Familientisch über die digitale Welt, Smartphones, Geschäftsmodelle aber natürlich auch Ihre Sorgen und Befürchtungen helfen, ins Gespräch zu kommen.

Diese Vorarbeit sollte nach der Übergabe des ersten Smartphones in aktive Unterstützung umgewandelt werden. Es ist nicht empfehlenswert, das Kind mit folgendem Satz allein zu lassen: »Hier hast du dein erstes Smartphone. Bitte mach nichts Blödes damit.« Um dem vorzubeugen, hilft die Erinnerung an den Plan, ein gemeinsames digitales Baumhaus zu bauen. Begleiten und Medienerziehung beginnt mit der Geburt, das erste eigene Gerät ist da nur ein weiterer Meilenstein. Die Unterstützung des Kindes und die gemeinsame Entdeckung neuer Medien enden nicht mit der Übergabe des Gerätes.

Auch das Beispiel mit dem Straßenverkehr kann helfen, einen neuen Blick auf diese Situation zu bekommen. Kinder müssen erst lernen, sich im Straßenverkehr zu bewegen. Auch wenn sie beginnen, dies selbstständig zu tun, sind wir anfangs neben ihnen, später vielleicht zwei bis drei Schritte hinter ihnen und dann beobachten wir sie aus der Ferne. Beim ersten eigenen Smartphone bedeutet dies, dass Ihre Arbeit erst so richtig beginnt, wenn das Kind es in die Hand bekommt. Und mit der Zeit können Sie sich als Eltern dann immer weiter zurücknehmen. Sie stehen für Fragen und zur Orientierung zur Verfügung, aber die Kinder handeln zunehmend selbstständig.

Jetzt gilt es, sich gemeinsam mit dem Kind hinzusetzen, das Smartphone einzurichten, erste Sicherheitseinstellungen zu besprechen und gemeinsam einen Account für die diversen App-Stores einzurichten. Idealerweise sind zu diesem Zeitpunkt gemeinsame Regeln und Nutzungsbedingungen bereits vereinbart. Ideen dafür finden Sie im Abschnitt »Begrenzen«. Gemeinsam können Sie aufmerksam durchgehen, welche Entscheidungen das Smartphone schon bei der ersten Inbetriebnahme von Ihnen fordert. Soll das GPS zur Lokalisierung immer aktiviert sein? Möchten Sie anonyme Nutzungsdaten an Google oder Apple senden?

> *Wie steht es denn um Ihre eigenen Sicherheitseinstellungen? Wissen Sie, was auf Ihrem Smartphone aktiviert oder deaktiviert ist?*

Sollten Sie nicht genau wissen, was das alles bedeutet, ist das kein Problem. Nutzen Sie die Kraft der Internetsuchmaschine Ihrer Wahl und machen Sie sich, gemeinsam mit Ihrem Kind, schlau. In diesen Momenten zeigen Sie, was verantwortungsvolle Mediennutzung heißt und was es bedeutet, eine kritische Userin oder ein kritischer User zu sein. Die konkrete Entscheidung für oder gegen ein dauerhaft aktiviertes GPS rückt damit in den Hintergrund. Es geht um das Gespräch und das gemeinsame Hinterfragen.

Um diese Gespräche besser zu strukturieren, kann diese Phase in drei Schritte untergliedert werden. Die Vorbereitung (es gibt noch kein eigenes Smartphone), das gemeinsame Einrichten (sozusagen Tag eins des Smartphones) und ein Austausch über die ersten Erfahrungen (vielleicht nachdem das Kind einige Woche über ein eigenes Gerät verfügen konnte). Die folgenden Fragen, sortiert nach den einzelnen Schritten, können helfen, ins Gespräch zu kommen, und sollen ein bisschen Orientierung bieten:

Vorbereitung
- Warum möchtest du ein eigenes Smartphone?
- Was möchtest du mit deinem Smartphone machen?
- Worauf freust du dich am meisten?
- Welche Apps möchtest du nutzen?
- Wie viel Zeit am Smartphone ist zu viel Zeit?
- Was machen wir, wenn es mal nicht so gut funktioniert mit dem Abschalten von der digitalen Welt?
- Was sollen wir tun, wenn wir uns Sorgen um dich und deine Smartphone-Nutzung machen?
- Wie können wir dich unterstützen?
- Gibt es etwas, was dir Sorgen bereitet?

Gemeinsames Einrichten
- Welche Apps möchtest du installieren?
- Weißt du, wo bei Snapchat / Instagram / WhatsApp die Privatsphäre- und Sicherheitseinstellungen sind?
- Wie sollen wir die Privatsphäre-Funktionen einstellen?
- Welche Benachrichtigungen sollen wir aktivieren / deaktivieren?
- Welche Apps sollen wir löschen? Welche sollen wir downloaden?
- Wie möchtest du denn die benachrichtigungsfreie Zeit einrichten? (Alle modernen Smartphones können dies automatisch, sodass beispielsweise ab 19 Uhr keine neuen Nachrichten mehr angezeigt werden und das Gerät ab diesem Zeitpunkt nicht mehr läutet oder vibriert.)

- Passt es für dich, wenn wir diesen Nutzungsbedingungen zustimmen?

Die ersten Erfahrungen

- Was gefällt dir besonders daran, ein eigenes Gerät zu haben?
- Was hat sich verändert in den letzten Tagen / den letzten Wochen?
- Was hat nicht so gut funktioniert?
- Was hast du dir vielleicht anders vorgestellt?
- Ist etwas passiert, was unangenehm oder nervig war?
- Können wir dir irgendwie helfen?

Diese Vor- und Nachbereitung ist wichtiger als der genaue Zeitpunkt des ersten Smartphones. Die Diskussion und das Gespräch machen viele Kontrollmechanismen überflüssig. Dennoch ist es empfehlenswert, bestimmte Limitierungen auf dem einzelnen Gerät zu aktivieren, um beispielsweise das Herunterladen von Apps, die erst ab einem gewissen Alter gedacht sind, zu verhindern. Im Abschnitt »Begrenzen« finden Sie hierzu und zu den empfohlenen Nutzungszeiten, gestaffelt nach Alter des Kindes, weitere Informationen.

Tendenziell empfiehlt es sich meines Erachtens nicht, Kindern unter 10 Jahren ein eigenes Smartphone zur Verfügung zu stellen. Selbst mit den besten Filtern der Welt lässt sich nicht verhindern, dass Kinder eventuell über unangemessene Inhalte stolpern. Es gibt durchaus Erpressungsmaschen und Massennachrichten auf WhatsApp, die auf Kinder abzielen und ihnen Angst machen sollen. Gerade für kleine Kinder ist dies besonders schlimm. Ein besonderes Beispiel hier sind Kettenbriefe, die fast alle Personen über WhatsApp erhalten. Bei Kindern sind es oft Kettenbriefe mit Texten wie diesem: »Mein Name ist Alicia und ich wurde vor vier Jahren ermordet. Wenn du diese Nachricht nicht an fünf Leute weiterschickst, komme ich heute Nacht mit einem Messer und bringe deine Eltern um. Du hast eine Stunde Zeit.« Dazu wird das Bild von einem blutüberströmten Mädchen mitgeschickt. Gerade Kindern machen diese – natürlich gefälschten – Nachrichten Angst. Für viele Kinder ist aber nicht klar, dass Personen solche Nachrichten verschicken, um zu provozieren und um Angst zu machen. Der Schneeballeffekt führt dann dazu, dass diese Nachrichten millionenfach versendet werden. Es ist wichtig, Kindern einmal zu erklären, dass solche Nachrichten versendet werden, aber niemals wahr sind.

Bei guter Gesprächsbasis und Vorbereitung ist es jedoch durchaus denkbar, dass Kinder schon im Alter von 10 Jahren ein eigenes Gerät bekommen. Wenn es rein um Erreichbarkeit geht, kann auch ein fast antiquarisch anmutendes Tastenhandy eine Möglichkeit sein. Abschließend dennoch ganz klar die Empfehlung: Warten Sie, bis das Kind nach einem eigenen Smartphone fragt. Diskutieren und hinterfragen Sie die Wünsche des Kindes liebevoll, aber kritisch. Respektieren Sie, dass es ab einem gewissen Punkt für das Kind schwierig wird, am Klassengeschehen teilzunehmen und mit Freundinnen und Freunden in Kontakt zu bleiben. Das ist der Fall, sobald viele andere Kinder im alltäglichen Umfeld über ein eigenes Gerät verfügen. Das Smartphone der Eltern ist nicht dasselbe wie ein eigenes. Stellen Sie sich vor, Sie hätten für Ihre Brieffreundschaft immer Ihre Eltern Briefe schreiben lassen. Kinder haben ein Recht auf Privatsphäre und Geheimnisse. Am Anfang der Pubertät und mit Eintritt in die Mittelschule wird dieser Wunsch zunehmend stärker und sollte respektiert werden.

Ein eigenes Smartphone bedeutet außerdem nicht, dass Sie die Kontrolle über die konsumierten Inhalte verlieren oder nicht mehr steuern können, was Ihr Kind im Internet macht. Es bedeutet auch nicht, dass Ihr Kind allen Gefahren der digitalen Welt schutzlos ausgesetzt ist. Eine gute Vorbereitung, einige gemeinsam gesetzten Sicherheitseinstellungen, klare Regeln und die Reflexion bei einem Gespräch bereiten den Boden und helfen dem Kind, Erlebnisse zu verarbeiten und sich zunehmend selbstständig im Internet zu bewegen.

NEUGIERDE ALS EINTRITTSKARTE

Bisher haben Sie einige Methoden (kritisches Hinterfragen, Reflexion der eigenen Vorbildfunktion oder Gestaltung des Familienalltags) kennengelernt, um Kinder und Jugendliche in der digitalen Welt zu begleiten. In diesem Teil möchte ich Ihnen eine weitere »Methode« nahebringen, die uns als Eltern maßgeblich dabei hilft, Kinder und Jugendliche und ihren Zugang zu Onlineplattformen und Apps zu verstehen und zu gestalten. Es ist eine altbewährte Methode, die wir in vielen anderen Situationen ganz selbstverständlich einsetzen: ehrliche Neugierde.

Wenn Ihr Kind von der Schule nach Hause kommt, dann werden Sie höchstwahrscheinlich fragen, wie der Schultag war. In diesem Moment zeigen Sie ihrem Kind, dass Sie sich für seine Welt interessieren. Sie wollen wissen, was es Neues gibt, was passiert und wie es Ihrem Kind geht. Dabei unterscheidet sich diese Form der Neugierde erheblich vom Konzept der Kontrolle.

Neugierde als ehrliche Zuwendung zeigt Interesse am Gegenüber und seiner Welt; Kontrolle dient der Überwachung und der eigenen Sicherheit. Wenn eine Person Neugierde vom Gegenüber spürt, fühlt sie sich dazu eingeladen, sich zu öffnen. Das Erzählen vom Schultag, von der Arbeit, von der besten Freundin, vom Streit mit den Eltern oder dem Klassenkollegen, von den schönen Erlebnissen und der schwierigen Hausübung in Englisch stößt dann meist auf weniger Widerstand. Das Gefühl der Kontrolle hingegen löst eine Art Beklemmung aus und bewirkt, dass man sich vor der Bewertung vom Gegenüber fürchtet. Diese Bewertung kann mit »gut« und »schlecht« oder »passend« und »nicht passend« ausgedrückt werden. Niemand wird in seinem Verhalten gerne bewertet. Wenn Kinder befürchten, ihre Antwort würde von den Eltern vielleicht nicht gut bewertet werden, werden sie bestimmte Dinge nicht erzählen.

In welchen Situationen ist es für Sie leicht möglich, über schwierige Themen zu sprechen? Wie geht es Ihnen, wenn Sie jemand kontrollieren möchte?

Das bedeutet nicht, dass wir alles gut finden müssen, was unsere Kinder tun. Es heißt, dass wir uns Mühe geben sollten, zu verstehen, worum es geht, und ohne Bewertung zuzuhören. Wenn unser Kind uns beispielsweise erzählt, dass in der Klasse ein Nacktbild die Runde macht und es dieses Bild auch bekommen hat, können wir auf zwei Arten reagieren: Wir können wütend werden und dem Kind Vorwürfe machen, dass diese Art von Bild für Kinder nicht geeignet ist, ihm das Handy wegnehmen, die anderen Eltern kontaktieren und ihm sagen, dass so etwas ekelig und pervers ist. Wir geben ihm damit die Schuld an etwas, wofür es vielleicht nichts kann und zeigen ihm, dass man den Eltern nicht alles erzählen kann.

Andererseits können wir auch gelassener reagieren. Wir loben das Kind dafür, dass es uns das so offen erzählt, und fragen in Ruhe nach, was passiert ist. Wir versuchen zu verstehen, warum ein Kind so ein Bild am Handy hat. War es vielleicht Zufall? Oder eine wichtige Mutprobe, um in der Klassengemeinschaft weiter dazuzugehören? Wir fragen das Kind, wie es ihm geht, wie es selbst das Bild findet. Wenn es Hilfe dabei braucht, helfen wir ihm dabei, das Bild zu löschen. Dennoch sagen wir ihm auch, dass das Bilder sind, die manche Erwachsene für andere Erwachsene machen, wenn sie Lust dazu haben und sich einig sind. Wir sagen auch, dass diese Bilder nicht immer die Realität zeigen und eigentlich nicht für Kinder gedacht sind. Wir machen ihm auch klar, dass es solche Bilder nicht an andere weiterschicken darf. Abschließend sagen wir ihm, dass es immer zu uns kommen kann, wenn etwas passiert, und wir immer bereit sind, zu helfen.

Sie merken den Unterschied zwischen den beiden Verhaltensweisen. Die erste zielt auf Kontrolle und Bewertung ab. Neugierde auf das, was passiert war, wie es überhaupt dazu kam, ist nicht vorhanden. Die zweite Variante zeigt neugierige Eltern. Sie wollen ihr Kind verstehen und sind nicht davon ausgegangen, dass das Kind böse Absichten hat oder etwas falsch gemacht hat. Diese Art von Gesprächsklima ermöglicht es Kindern, sich zu öffnen und zu erzählen.

Neugierde bedeutet, wertfrei und offen auf Kinder zuzugehen. Wenn wir einem Kind sagen, dass wir an seinem Schultag nicht interessiert sind, wird es nicht gerne davon erzählen. Zeigen und sagen wir ihm aber beispielsweise, dass wir vielleicht nicht genau verstehen, was an einem bestimmten YouTuber so toll sein soll, es uns aber interessiert und wir es gerne erklärt hätten, laden wir Kinder ein, aufzumachen. In dieser Stimmung wird es für Kinder möglich, offen und frei als Expertinnen und Experten von ihrer eigenen Welt zu erzählen. Es geht hier nicht darum, für uns als Eltern unerreichbar hohe Standards zu setzen. Die angeführten Beispiele sind natürlich verkürzt und überspitzt. Aber wenn wir uns als Eltern in diese Richtung bewegen, ist bereits ein guter Teil der Arbeit getan. Immer wieder machen wir Fehler oder sind doch wertend, obwohl wir das vielleicht nicht wollen. Solange wir uns vornehmen, es beim nächsten Mal besser zu machen, und uns entsprechend bei den Kindern entschuldigen (auch eine wichtige Lektion für Kinder), ist nichts verloren. Es kann für uns als Eltern nicht darum gehen, keine Fehler zu machen, sondern aus den Fehlern zu lernen.

> *Wo hätten Sie sich von Ihren Eltern mehr Neugierde und ehrliches Interesse (nicht Kontrolle!) gewünscht?*

Gerade im digitalen Zeitalter ist ehrliches Interesse besonders wichtig. Hier sind die Kinder uns in vielerlei Hinsicht weit voraus und wir können ihnen nur mit Neugierde begegnen. Sie sind die nächste Generation und werden das Internet und seine Anwendungsgebiete auf Jahrzehnte hin prägen. Neugierde bedeutet für uns, dass wir unsere Kinder fragen, was sie an einem bestimmten Computerspiel begeistert. Vielleicht möchten Sie auch eine Runde mit ihnen spielen. Neugierde heißt, sich für die Faszination von Instagram zu interessieren und gemeinsam die App zu entdecken.

Kinder und Jugendliche erzählen fast alles ganz direkt und offen, wenn sie spüren, dass ihr Gegenüber interessiert ist und das Erzählte nicht bewertet. Wenn ein Kind vermittelt bekommt, dass wir ohnehin alle Computerspiele für Zeitverschwendung halten, wird es nicht offen mit uns sprechen. Es lernt dann, dass es mit diesem Thema woanders besser aufgehoben ist. Für viele Jugendliche, die wegen »Internetthemen« (zum Beispiel einer vermeintlichen Internetsucht oder weil sie in einen Cybermobbingvorfall als Täterinnen und Täter oder als Opfer verwickelt waren) in Therapie bei mir sind, ist es eine ganz neue und schöne Erfahrung, einem Erwachsenen ohne Bewertung erzählen zu können, was sie gerne im Internet machen, welche Spiele sie gerne spielen und welche YouTuberinnen und YouTuber sie anschauen.

Neugierde bedeutet eine Position der inneren Offenheit. Die ehrliche Neugierde ist die einfachste und effizienteste Methode, um Kinder und Jugendliche in einer digitalen Welt zu begleiten. Ihre Neugierde lädt die Kinder ein, zu erzählen, zu erklären und sich auf Diskussionen einzulassen. Mit Neugierde bekommen Sie einen Kurs in Videoschnitt und YouTube, in Instagram und unterschiedlichen Computerspielen. Neugierde lädt auch dazu ein, von schwierigen Situationen zu erzählen. Sie gibt Ihnen als Eltern die Möglichkeit, ein Auge auf das zu werfen, was in der digitalen Welt Ihrer Kinder passiert.

Wenn es Ihnen gelingt, neugierig zu bleiben, praktizieren Sie eine Form der Begleitung, die genauso einfach wie effektiv ist. Diese Form von Neugierde ist nicht immer leicht und braucht Übung. Manchmal interessieren wir uns nicht für ein Computerspiel oder finden vielleicht manche YouTuberinnen und

YouTuber nicht nur inhaltlich schwer verständlich, sondern den vermittelten Inhalt auch schräg und weltfremd. In diesen Situationen hilft es, sich die Begeisterung vom Kind auszuborgen. Wenn zum Beispiel ein Kleinkind stolz eine Strichzeichnung präsentiert, auf der kein Motiv zu erkennen ist, freuen wir uns dennoch und strahlen ehrlich. Wir borgen uns die Begeisterung vom Kind aus und erleben damit die Gefühle quasi »ums Eck«. Ähnlich können wir bei skurril erscheinenden Inhalten auf Onlineplattformen reagieren. Was Ihr Kind auf jeden Fall spürt, ist Ihr ehrliches Interesse.

Sie sollten jedoch Ihren Wunsch nach Kontrolle niemals als Interesse tarnen. Unterschätzen Sie nicht das Radar Ihrer Kinder. Sicherlich fallen Ihnen Situationen ein, wo das bereits passiert ist. Kinder und Jugendliche reagieren auf Kontrollversuche sehr sensibel und können Neugierde und Kontrolle problemlos voneinander unterscheiden.

Es gibt aber auch viele Situationen, in denen Kontrolle notwendig ist. Apps und Websites mit Informationen hierzu finden Sie noch im Kapitel »Begrenzen«. Eine gute Form von Kontrolle ist eine Art Vorbereitung auf die digitale Freiheit und Selbstbestimmung. Sie macht sich selbst mit der Zeit überflüssig und wird ersetzt durch Vertrauen.

DIE WICHTIGSTEN DIENSTE

Alleine der App Store der Firma Apple hat zum aktuellen Zeitpunkt über 2 Millionen Apps, der Google Play Store sogar über 3,8 Millionen. Entsprechend ist es natürlich nicht möglich, alle Apps zu kennen oder vorzustellen. Im Alltagsgebrauch werden selten mehr als zehn bis 15 Apps regelmäßig verwendet. In den Unterkapiteln »Kommunikation«, »Präsentation« und »Information / Unterhaltung« werden die drei bis vier am häufigsten verwendeten Apps beschrieben, in einem anschließenden Kapitel geht es noch um Videospiele. Es ist jederzeit damit zu rechnen, dass neue Apps ältere ablösen. Die wichtigsten Apps, die sich bei Kindern und Jugendlichen finden lassen – WhatsApp, Instagram, Snapchat und YouTube – halten sich seit einigen Jahren stabil am Markt. Das wird wohl auch auf absehbare Zeit so bleiben. Alleine WhatsApp hat als Instant-Messaging-Dienst für den westlichen Raum und große Teile Nordamerikas eine Art neue Standard-App für Nachrichtenaustausch geschaffen. Besonders bemerken dies auch die Telekommunikationsanbieter. Die Anzahl an verschickten SMS geht seit Jahren rasant zurück, während der Verbrauch an Datenvolumen ständig steigt. Das liegt an dem Umstieg von der oft vorinstallierten herkömmlichen Messaging-App, die SMS versendet, auf WhatsApp.

> *Was sind Ihre wichtigsten Apps? Unterscheiden sich diese gravierend von jenen Ihrer Kinder?*

Viele Apps sind sehr kurzlebig und ihre Nutzung nimmt nach nur wenigen Monaten wieder ab, bis sie gänzlich in Vergessenheit geraten. Manche Apps haben sich jedoch so sehr am Markt etabliert, dass sie de facto zu Standardanwendungen geworden sind. Auch diese Apps sind nicht unersetzbar und für die meisten gibt es durchwegs brauchbare Alternativen. Im folgenden Kapitel soll auf einige dieser Standard-Apps eingegangen werden. Sortiert sind diese nach Nutzungsmotiven: Kommunikation, Präsentation und Information / Unterhaltung. Es mögen sich vielleicht die Apps mit der Zeit ändern, die Nutzungsmotive bleiben jedoch ähnlich. Die Reflexionsfragen und Tipps zu den einzelnen Apps lassen sich somit auf jede ähnliche App anwenden. Dies ist auch der Grund, warum hier nur auf die am häufigsten genutzten Apps eingegangen wird. Die Schnelllebigkeit macht ein detailliertes Beschreiben einzelner Dienste beinahe überflüssig. Aus diesem Grund werden auch keine Bildschirmfotos gezeigt oder konkrete Anleitungen zu den Sicherheitseinstellungen gegeben. Bereits zum Zeitpunkt der Buchveröffentlichung hat sich mit hoher Wahrscheinlichkeit das Aussehen einiger Apps durch eine Versionsaktualisierung verändert. Die Mitarbeiterinnen und Mitarbeiter der Organisation Safer Internet bieten laufend aktualisierte Anleitungen zu Datenschutz und Accountmanagement, welche kostenlos online abgerufen werden können.

Kommunikation

Die ursprüngliche Idee der Mobiltelefone und später Smartphones war mobile Kommunikation. Die SMS ist daraus als Überraschungssiegerin hervorgegangen. SMS (eigentlich eine Abkürzung für Short Message Service) war ursprünglich ein reines Zusatzfeature. Die Entwickler selbst gingen nicht davon aus, dass die Nachrichtenfunktion auf Mobiltelefonen stark genutzt werden würde. Auch die Tastaturen der ersten Mobiltelefone waren nicht auf Vielschreiben ausgelegt. Inzwischen ist vor allem die visuelle und geschriebene Kommunikation ein zentrales Nutzungsmotiv von Smartphones. WhatsApp und Snapchat sind aktuell Apps, die oft als erstes auf dem Smartphone von Kindern und Jugendlichen landen. Zentral bei beiden:

Es geht um Austausch und Kommunikation (oft mit mehreren Menschen gleichzeitig) in sehr schnelllebiger und bunter Form. Kommunikation ist ein menschliches Urbedürfnis und keine Technologie hat diese jemals besser befriedigt als die ständige Vernetzung durch Smartphones. Gerade WhatsApp hat damit im europäischen Raum die Nutzung mobiler Geräte stark verändert und ist inzwischen zu einer Standardanwendung geworden – bei Kindern, Jugendlichen und Erwachsenen.

WhatsApp

WhatsApp führt seit Jahren die Downloadcharts bei Google und Apple an. Für viele ist WhatsApp auch die erste App, die auf das neue Smartphone heruntergeladen wird.
Bei Jugendlichen zwischen 13 und 17 Jahren haben weit über 90 % WhatsApp auf ihrem Smartphone installiert.

Inhaber WhatsApp wurde im Jahr 2014 von Facebook für 4 Milliarden Dollar und zusätzlichen Facebook-Aktien den ursprünglichen Firmeninhabern abgekauft. Wer in Österreich WhatsApp nutzt, hat dennoch einen Vertrag mit der Firma WhatsApp Inc. mit Sitz in Kalifornien, USA. Facebook ist in diesem Fall nur der Mutterkonzern. Seit einiger Zeit bildet Facebook die Übernahme von WhatsApp auch im Namen der App ab. Dieser lautet jetzt im Volltext »WhatsApp by Facebook«. Die Übernahme wurde international vor allem aus datenschutztechnischer Sicht sehr kritisch betrachtet.

User > 2 Milliarden weltweit mit Anfang 2020.
Ca. 1 Milliarde Menschen nutzen WhatsApp täglich. Die Zahlen sind immer mit Vorsicht zu genießen, sie könnten

Millionen an Doppelinstallationen oder auch Testinstallationen beinhalten. Große Technikunternehmen gehen jedoch gerne mit großen Zahlen an die Öffentlichkeit, da diese für massive Aufmerksamkeit sorgen.

Kosten kostenlos

Mindestalter 16 Jahre. Ursprünglich war WhatsApp ab 13 Jahren, mit Einführung der Datenschutzgrundverordnung am 25. Mai 2018 wurde das Mindestalter in Europa durch die Firma WhatsApp auf 16 Jahre angehoben. Dies hat primär rechtliche Gründe. WhatsApp möchte nach eigenen Angaben eine Möglichkeit für 13- bis 16-Jährige schaffen, den Dienst zu nutzen. Mit Mai 2020 ist diese Funktion jedoch noch nicht umgesetzt worden.

Form der Alterskontrolle Mit einem Klick auf »Ich bin mindestens 16 Jahre alt« ist die Alterskontrolle bestanden. WhatsApp ist nicht rechtlich verpflichtet, das Alter der User mit mehr Aufwand zu kontrollieren, beispielsweise durch Kontrolle eines Ausweises oder der expliziten Zustimmung der Eltern.

Rechtliche Konsequenzen bei Unterschreitung des Mindestalters Keine. Kinder unter 14 Jahren sind in Österreich nicht deliktfähig. Für Eltern gilt keine generelle Überwachungspflicht gegenüber den Kindern. Da auch nicht von einer Schädigungsabsicht auszugehen ist, können Kinder und Jugendliche die Altersangabe von WhatsApp ignorieren, ohne sich vor rechtlichen Konsequenzen seitens WhatsApp fürchten zu müssen. Eine mögliche Konsequenz könnte sein, dass WhatsApp einen Account sperrt. Dies passiert jedoch nicht aufgrund einer Unterschreitung des Mindestalters, sondern weitaus häufiger, weil andere Richtlinien verletzt wurden oder Spam verschickt wurde.

Alternativen Signal, Telegram oder Threema (ebenfalls kostenlos, jedoch weitaus datenschutzfreundlicher).

Datenschutz WhatsApp teilt Kommunikationsdaten mit der Dachfirma Facebook sowie mit allen Tochterunternehmen von Facebook. Im Fall von WhatsApp sind dies sogenannte Metadaten, also Verbindungsinformationen. WhatsApp teilt mit Facebook nicht den Inhalt einzelner Nachrichten, jedoch laufend, wer wann wo mit wem wie lange verbunden war und kommuniziert hat. Dadurch lassen sich hoch detaillierte Werbe- und Bewegungsprofile von Einzelpersonen und Gruppen erstellen. Diese werden dann durch Facebook vermarktet.

Einnahmequelle WhatsApp generiert Einnahmen über Datenweitergabe und Businessangebote. In der App selbst wird keinerlei Werbung angezeigt.

WhatsApp ist für Kinder und Jugendliche das wichtigste Kommunikationstool und hat als digitales Nachrichtenmedium schon lange dem E-Mail den Rang abgelaufen. Viele Kinder haben keine E-Mail-Adressen zu Kommunikationszwecken mehr. Sie besitzen diese nur, weil sie sie für Google Play benötigen oder von der Schule erhalten haben. Auf WhatsApp kommunizieren Kinder und Jugendliche mit Freunden und in Gruppenchats. Manche Kinder bekommen hunderte Nachrichten pro Tag und sind in dutzenden Gruppen.

WhatsApp selbst ist keine »gefährliche« Plattform. Zwar gibt es immer wieder Cybermobbing-Vorfälle oder es werden Pornos verschickt, dies ist jedoch nicht die Schuld der Kinder oder die Schuld von WhatsApp. WhatsApp ist eben die am häufigsten genutzte Messaging-Plattform und damit auch die, wo am meisten passiert. Bei WhatsApp ist es möglich, Personen zu blockieren und zu melden. Darauf wird zwar von dem Dienst oft nicht unmittelbar reagiert, durch das Blockieren wird es jedoch für die verursachende Person unmöglich, erneut Kontakt mittels WhatsApp aufzunehmen.

Wichtig ist es (für uns alle), abschalten zu lernen. WhatsApp, als Messaging-Dienst, ist mit dem Telefonbuch des Smartphones gekoppelt und somit bei aktiver Internetverbindung der schnellste Weg zur direkten Kontaktaufnahme. Die Flut an Privat- oder Gruppennachrichten ist damit oft überwältigend. Kinder bei der WhatsApp-Nutzung zu begleiten, bedeutet, von Anfang an Rahmenbedingungen mit ihnen auszumachen. Diese können je nach Alter des Kindes sehr stark variieren, es sollte jedoch klar vereinbarte Zeiten geben, in denen die Kinder nicht erreichbar sind. Für die problemlose Nutzung von WhatsApp ist es zentral, abschalten zu lernen.

Folgende Fragen sind hierbei in einem Gespräch mit Ihrem Kind hilfreich:

- Wann möchtest du erreichbar sein?
- Wann möchtest du nicht erreichbar sein?
- Was ist bei Notfällen?
- Wann fällt es dir schwer, abzuschalten oder das Handy wegzulegen?
- Welche Nachrichten nerven dich? Wie reagieren deine Freunde darauf, dass du nicht immer erreichbar bist?
- Was machen wir, wenn Vereinbarungen nicht funktionieren?

Im Idealfall installieren Sie WhatsApp mit Ihrem Kind gemeinsam. Dabei können Sie es nicht nur von Anfang an begleiten und ihm ein bisschen über die Schulter schauen, sondern auch gleich diese Fragen besprechen. Es ist ähnlich wie mit dem Schulwegbeispiel: Auch hier besprechen wir mit unseren Kindern den Straßenverkehr. Es gibt Vorbereitungen bis die Kinder alleine gehen dürfen. Sie müssen nicht WhatsApp-Expertin oder -Experte sein. Es reicht, wenn Sie Expertin oder Experte für Abschalten und Loslassen sind (ohnehin schon eine große Herausforderung), mit Ihren Kindern darüber sprechen (ohne belehrend zu sein) und ihnen vorleben, dass es in Ordnung ist, abzudrehen oder nicht erreichbar zu sein. Viele Kinder und Jugendliche sind richtig erleichtert, wenn ihnen klar wird, dass sie nicht immer erreichbar sein müssen. Manchen hilft es auch, wenn die Struktur von außen vorgegeben wird. Dann lässt sich die Schuld auf die »bösen Eltern« schieben, die das Handy um 9 Uhr am Abend einsammeln. Die insgeheime Erleichterung der Kinder, vom Smartphone Abstand nehmen zu können, wird so nicht ihren Freundinnen und Freunden preisgegeben.

Eine Tatsache ist, dass Kinder WhatsApp brauchen, um aktiv an ihren Freundschaften und den Kontakten in der Klasse teilhaben zu können. Nachdem fast alle Kinder einer Schulklasse Teil einer WhatsApp-Klassen-Gruppe und mehreren Untergruppen sind, passiert sehr viel Kommunikation und Austausch mittels dieses Onlinedienstes. Die Kinder, die daran nicht teilhaben können, wissen oft nicht, welche Lehrer krank sind oder was die Mathematikhausaufgabe ist. Zwar gibt es das klassische Mitteilungsheft noch, doch wird immer öfter auf die digitale Variante zurückgegriffen, weil damit viel schneller und unmittelbarer kommuniziert werden kann. Sie erfahren dann auch nicht, wo am Nachmittag Fußball gespielt wird, oder bekommen

Geburtstagseinladungen nicht. WhatsApp ist als Kommunikationstool inzwischen zentral geworden, um am Gesellschaftsleben teilhaben zu können.

Wann sollten Kinder also WhatsApp installieren und verwenden dürfen? Grundsätzlich lässt sich auch hier sagen: so spät wie möglich und so früh wie nötig. Oft gibt es in Schulklassen einen kritischen Punkt, an dem die meisten Kinder bereits WhatsApp haben und die Kommunikation sich damit in die digitale Welt verschiebt. Auch wenn das Einstiegsalter für Smartphones sinkt, findet diese digitale Verschiebung meistens nicht vor einem Alter zwischen 10 und 14 Jahren statt.

Wichtiger als das genaue Alter ist es, WhatsApp gemeinsam mit den Kindern zu installieren, Regeln auszuhandeln und beim gemeinsamen Einrichten auch gleich auf die Privatsphäre-Einstellungen zu achten. Dort können Sie anpassen, wer das Profilfoto, Onlinestatus und Lesebestätigung sehen darf. Links zu entsprechenden Anleitungen finden Sie unter www.lukaswagner.at/links.

Die zweite Lektion für Kinder und Jugendliche ist nicht weniger wichtig als abschalten zu lernen. Es ist zentral, dass Kinder und Jugendliche über die Rahmenbedingungen der WhatsApp-Nutzung informiert sind. Zum aktuellen Zeitpunkt wird ohne genaues Hinschauen auf »akzeptieren« geklickt und damit ein Vertrag mit der Firma WhatsApp abgeschlossen. Die Allgemeinen Geschäftsbedingungen werden übergangen. Dieser Vertrag regelt jedoch meine Rechte und Pflichten bei der Nutzung von WhatsApp. Darin finden sich das Mindestalter, die Information, welche Inhalte verboten sind (beispielsweise Pornografie), aber auch, was WhatsApp mit meinen Daten machen darf. Oft ändert schon das Wissen über Datenweitergabe die Nutzung. Genauso wenig wie wir aber haben sich Kinder jemals damit beschäftigt, was diese Weitergabe genau bedeutet. Wenn sie darüber informiert sind, können sie auch eine entsprechende Entscheidung treffen, ob sie in diesem Spiel mitspielen möchten. Auch wenn sie sich dafür entscheiden (was in Ordnung und auch fast immer der Fall ist), können sie die Inhalte, die sie versenden und teilen, entsprechend anpassen. Vielleicht ist es für sie in Ordnung, WhatsApp zu benutzen, aber bei bestimmten Nachrichten oder Fotos denken sie zweimal oder dreimal nach, bevor sie diese verschicken. Die Empfehlung ist daher ganz klar: Lesen Sie bei der ersten Installation gemeinsam mit den Kindern die Allgemeinen Geschäftsbedingungen. Sollten Ihre Kinder noch jünger sein und damit nichts anfangen können, lesen Sie die Geschäftsbedingungen und erklären Sie sie Ihrem Kind bestmöglich. Kinder haben diese Art von Transparenz verdient, wenn sie einen Vertrag eingehen.

Für WhatsApp gibt es brauchbare und datenschutzfreundliche Alternativen. In den letzten Jahren populär sind vor allem Telegram und Signal geworden. In beiden Nachrichtendiensten kann ich kostenlos schreiben, telefonieren und videotelefonieren. Die Funktionen sind deckungsgleich mit WhatsApp, vor allem Signal ist aber als Nachrichtendienst mit Fokus auf Schutz der Privatsphäre programmiert worden. Von Signal selbst können keine Nachrichten mitgelesen oder dokumentiert werden, ebenso nicht die Verbindungsdaten oder Daten aus dem Telefonbuch des Smartphones. Als datenschutz- und bedienungsfreundliche Alternative kann Signal somit empfohlen werden. Wie bei WhatsApp kann ich jedoch auf Signal nur mit Personen kommunizieren, die ebenfalls Signal haben. Oft reicht es schon, wenn beispielsweise die ganze Familie gemeinsam umsteigt und das auch Freundinnen und Freunden sagt. WhatsApp und Signal können problemlos am selben Handy installiert sein und kommen sich nicht in die Quere. Wenn jemand Signal installiert hat, kann dann über diese App geschrieben werden, sonst bleibt als Alternative immer noch WhatsApp.

Snapchat

Snapchat ist als Sofortnachrichtendienst der Senkrechtstarter der letzten Jahre. Erschienen im Jahr 2011, verbreitete sich Snapchat aus den USA kommend rasant in Europa. Die damals zündende Idee: Auf Snapchat konnten Bilder verschickt werden, die am Smartphone der Empfängerin oder des Empfängers nach einigen Sekunden wieder verschwanden. Somit konnten spontane Aufnahmen, aber auch peinliche Fotos, die nicht in Umlauf geraten sollten, versendet werden. Diese Funktion ist gemeinsam mit den sogenannten Filtern, mit denen Fotos und Videos verändert werden können, immer noch zentral bei Snapchat.

Inhaber Snapchat Inc. Snapchat ist, im Unterschied zu anderen großen Social Media Plattformen, nicht an einen großen Mutterkonzern wie Facebook, Google, Apple oder Microsoft verkauft worden, sondern gehört nach wie vor den Gründerinnen und Gründern selbst. Seit 2017 ist Snapchat an der Börse.

User 230 Millionen täglich aktive User laut der Statistikplattform Statista, genaue Zahlen sind unbekannt. Im Mai 2019 waren es noch 186 Millionen tägliche User, ein beeindruckender Anstieg von 44 Millionen in nur 12 Monaten.

Kosten kostenlos

Mindestalter 13 Jahre. Es gab eine eigene Version für Kinder unter 13 Jahren, diese existiert jedoch nicht mehr.

Rechtliche Konsequenzen bei Unterschreitung des Mindestalters Keine. Kinder unter 14 Jahren sind in Österreich nicht deliktfähig. Für Eltern gilt keine generelle Überwachungspflicht.

Alternativen Wickr Me, Instagram (bis zu einem gewissen Grad)

Datenschutz Snapchat analysiert sämtliche empfangene und gesendete Inhalte zu Werbezwecken. Außerdem verfügt Snapchat über ein uneingeschränktes Nutzungsrecht aller Bilder und Videos, die versendet werden, und darf diese verändern, verkaufen und zu Werbezwecken benutzen. Einmal versendete Nachrichten (Snaps) bleiben somit bei Snapchat gespeichert und können durch Snapchat auch verwendet werden.

Einnahmequelle Werbung, Datenverkauf

Snapchat ist in den letzten Jahren bei Kindern über 10 Jahre in Österreich sehr populär geworden. Die Faszination von Snapchat besteht in der visuellen Kommunikation; die App ist beinahe ausschließlich auf Fotos und Videos beschränkt. Bei Snapchat erfolgt die Registrierung mittels eines Usernamens. Um eine Person bei WhatsApp zu kontaktieren, brauche ich ihre Handynummer, bei Snapchat ist es nur der Username, der notwendig ist. Oft geben Instagram-User ihren Snapchat-Namen auf ihrem öffentlichen Instagram-Profil an und sind somit leicht auch mittels dieser App erreichbar. Damit gelingt es mir als Fremde oder Fremder relativ leicht, einen großen Schritt näher an eine

Person zu kommen. Über Snapchat kann ich dann direkt eine Nachricht an das Smartphone dieser Person schicken. Jugendlichen ist oft klar, dass sie ihre Telefonnummer nicht im Internet veröffentlichen sollen. Bei ihrem Snapchat-Namen sieht das oft anders aus. Eine Kontaktanfrage ist auch über sogenannte Captcha-Codes möglich. Diese Codes waren eine Zeit lang sehr beliebt, haben jedoch in ihrer Beliebtheit stark nachgelassen.

Die Bekanntheit von Snapchat basiert auf zwei zentralen Funktionen. Zum einen ermöglicht es Snapchat dem User, Bilder mit einer Art Selbstzerstörungsfunktion auszustatten. Ein Bild, das ein Jugendlicher an einen anderen schickt, kann somit für beispielsweise zehn Sekunden angesehen werden, verschwindet dann jedoch wieder vom Smartphone der Empfängerin oder des Empfängers. Dadurch ist es möglich, besonders lustige oder auch peinliche Fotos an Freundinnen und Freunde zu verschicken, ohne Sorge haben zu müssen, dass diese wieder auftauchen. Eine logische Folge davon ist, dass Snapchat auch verwendet wird, um Nacktfotos zu verschicken. Auch wenn der überwiegende Großteil der Jugendlichen keine solchen Fotos von sich anfertigt oder verschickt, ist Snapchat dennoch für diese Art Fotos die Plattform der Wahl. Die gelöschten Fotos lassen sich jedoch trotz der technischen Sperren der Firma Snapchat wiederherstellen. Noch einfacher ist es, das Foto einfach mit einer zweiten Kamera abzufotografieren oder einen Screenshot anzufertigen. Ein »sicheres« Verschicken von Fotos, die nicht in Umlauf geraten sollen, ist dadurch weder durch Snapchat noch durch eine andere Plattform gegeben.

Eine zweite beliebte Funktion von Snapchat sind die sogenannten Filter und Sticker. Snapchat ermöglicht es sehr einfach, Masken über Aufnahmen zu legen und sich somit virtuelle Hasenohren aufzusetzen oder eine Hundezunge zuzulegen.

Dadurch ist es möglich, sehr schnell und unkompliziert lustige Fotos zu gestalten.

Diese beiden Funktionen haben Snapchat populär gemacht. Snapchat bedient sich auch einiger anderer Tricks, um User bei der Stange zu halten, allen voran die bereits erklärten Snapstreaks (Sie finden die Erklärung dazu im Kapitel »Virtuell ist Real«). Diese Form der sozialen Belohnung und Bestrafung führt unter anderem dazu, dass Jugendliche jeden Tag beispielsweise ein schwarzes Foto, ohne jeden Inhalt, an Freundinnen oder Freunde schicken, um ihren Snapstreak nicht zu verlieren.

Snapchat selbst ist nicht für Datensicherheit bekannt. Einerseits gab es einen größeren Datendiebstahl bei Snapchat, bei dem zahlreiche Bilder entwendet wurden, andererseits räumt sich Snapchat äußerst umfassende Rechte an allen Inhalten ein, die mittels der Plattform geteilt werden. Konkret bedeutet dies, dass Snapchat jeden Snap (also jedes Foto, das versendet wird) uneingeschränkt weltweit und zeitlich unbegrenzt zu Werbezwecken benutzen darf. So etwas wie Privatsphäre gibt es auf Snapchat nicht.

Snapchat ist dennoch eine App, mit der Jugendliche sehr viel Spaß haben können und die ihnen eine Form der visuellen Kommunikation mit anderen erlaubt. Auch ist es dort möglich, Stars zu folgen und über die sogenannten Storys an deren täglichen Leben teilzunehmen. Eine Story ist meist eine Mischung aus kurzen Videoaufnahmen und Fotos, die selbst zusammengeschnitten werden kann und den Tag oder spezielle Erlebnisse dokumentiert. Auch hier kommen Filter und Sticker zum Einsatz. Storys löschen sich nach einiger Zeit von selbst. Die Story-Funktion wurde aufgrund ihrer Beliebtheit sowohl von Facebook als auch von Instagram übernommen. Auch bei WhatsApp findet sich bereits eine entsprechende Funktion.

Sollten Jugendliche Snapchat installieren wollen, so ist dies laut der AGB von Snapchat ab dem Alter von 13 Jahren möglich. Auch hier gilt, dass ein früheres Installieren zwar verboten ist, jedoch rechtlich nicht sanktioniert werden kann. Snapchat kontrolliert das Alter seiner User nicht. Empfehlenswert ist es auf jeden Fall, den Snapchat-Account gemeinsam mit den Kindern einzurichten, da hier auch gleich die Sicherheitseinstellungen angepasst werden können.

Jugendliche müssen wissen, dass es auf Snapchat keine Privatsphäre gibt, dass alle von ihnen versendeten Inhalte uneingeschränkt verwendet werden können und dass auch vermeintlich gelöschte Fotos problemlos wiederhergestellt werden können. Auch bietet es sich an, über den psychologischen Mechanismus der Snapstreaks zu sprechen.

Folgende Fragen helfen, um mit Kindern und Jugendlichen in ein Gespräch zu Snapchat zu kommen:

- Warum möchtest du Snapchat haben?
- Was kannst du tun, wenn dir etwas Unangenehmes passiert?
- Was kannst du tun, wenn du siehst, wie jemand fertig gemacht wird?
- Welche Inhalte von dir möchtest du nicht auf Snapchat teilen?
- Weißt du, was in den AGB von Snapchat steht? (Wenn nicht, dann empfiehlt es sich, die Kinder selbstständig nachlesen zu lassen und sie dazu aufzufordern, den Inhalt wiederzugeben.)

Wenn es gelingt, diese Fragen neugierig und offen zu stellen, ohne dabei als Oberlehrerin oder Oberlehrer aufzutreten, kann

Snapchat gut mit den Kindern besprochen und gemeinsam eingerichtet werden. Snapchat ist für sich keine besonders problematische Plattform. Die App kann sehr viel Spaß machen, der Kommunikation mit Freundinnen und Freunden dienen und als Ausdruck der eigenen Kreativität genutzt werden. Eine brauchbare und weitverbreitete Alternative zu Snapchat existiert zum aktuellen Zeitpunkt nicht.

Präsentation

Sich zu präsentieren und Rückmeldung von der Umwelt zu bekommen sowie die Selbstpräsentationen von anderen sehen zu können, sind die Nutzungsmotive der nächsten beiden Apps. Instagram und TikTok (ehemals Musical.ly) haben gemeinsam fast 1,5 Milliarden Userinnen und User. Positive Rückmeldungen zum eigenen Auftreten zu bekommen, ist ein verständliches Grundbedürfnis aller Menschen. Social Media bietet dafür die perfekte Plattform. So können wir nicht nur am Leben bekannter Persönlichkeiten teilhaben, sondern uns auch selbst der Öffentlichkeit zeigen und positiven Zuspruch bekommen. Dies hilft auch dem eigenen Selbstwert – oder bringt ihn, wenn der Zuspruch ausbleibt, in Gefahr.

Instagram

> Instagram ist eine Fotoplattform, die im Jahr 2012 von der Firma Facebook gekauft wurde. Instagram wurde vor allem durch Fotofilter bekannt, die eine Veränderung der Fotos vor Veröffentlichung ermöglichen. Wie in einem Fotobuch können Aufnahmen über einen Account der Öffentlichkeit präsentiert werden. Profile können jedoch auch auf »privat« gestellt werden. Fotos sind dann nur

sichtbar, wenn vorher eine entsprechende Anfrage gestellt und diese auch durch den User genehmigt wurde.

Inhaber Instagram wurde im Jahr 2012 um 760 Millionen Euro von Facebook gekauft. Seitdem ist Instagram ein Tochterunternehmen von Facebook, zwischen den beiden Unternehmen erfolgt auch ein Datenaustausch über User.

User > 1 Milliarde im Mai 2020 (laut Auskunft von Instagram)

Kosten kostenlos

Mindestalter 13 Jahre

Rechtliche Konsequenzen bei Unterschreitung des Mindestalters Keine. Kinder unter 14 Jahren sind in Österreich nicht deliktfähig. Für Eltern gilt keine generelle Überwachungspflicht.

Alternativen Vero, EyeEm

Datenschutz Instagram teilt Daten mit der Dachfirma Facebook sowie mit allen Tochterunternehmen von Facebook.

Einnahmequelle Instagram finanziert sich über Werbung, die im Feed zwischen den einzelnen Bildern angezeigt wird.

Die Oberösterreichische Kinder- und Jugendmedienstudie erhob im Jahr 2015 die Reichweite Instagrams bei Jugendlichen zwischen 11 und 18 Jahren. Damals hatten 35 % der Befragten einen Instagram-Account, im Jahr 2017 waren es bereits 54 %.

Der jährlich durchgeführte Safer Internet Jugend Monitor erhob für das Jahr 2020 eine Nutzung der 11- bis 17-Jährigen von 76 %. Nach WhatsApp ist somit Instagram die beliebteste Social Media Plattform. Auf Instagram ist es möglich, sich mit Bildern und Videos zu präsentieren. Der eigene Instagram-Account kann sowohl öffentlich (und damit für jede Person, auch für jene ohne Instagram-Account) einsehbar sein als auch in den Privatmodus versetzt werden. Auf Instagram werden unterschiedliche Fotos und Videos gepostet. Oftmals bieten die Accounts einen Einblick in das eigene »echte« Leben, wenn auch häufig nur in ein geschöntes. Viele Fotos sind sehr anspruchsvoll gestaltet, ästhetisch fotografiert und dienen damit dem eigenen kreativen Ausdruck. Auf den Instagram-Accounts von Jugendlichen finden sich sowohl Fotos von Essen, von Freundinnen und Freunden, beim Sport, beim Fortgehen als auch Fotos aus dem Urlaub oder von der neuen Lieblingsuhr.

Zahlreiche Jugendliche sind genau genommen passive Instagram-User. Sie posten selbst selten oder auch gar nicht, sondern verfolgen lieber die Posts ihrer Freundinnen und Freunde oder bekannter Persönlichkeiten. Von Profifußballerinnen und Profifußballern über YouTube-Stars bis Musikerinnen und Musiker verfügen Personen der Öffentlichkeit oft über einen eigenen Instagram-Account, auf dem sie Aufnahmen aus ihrem Leben teilen. Ähnlich wie bei YouTube genießen die sogenannten Instagrammerinnen und Instagrammer von Jugendlichen ein hohes Vertrauen und ihnen wird eine hohe Authentizität zugeschrieben. Auf Instagram können, ähnlich wie bei Snapchat, sogenannte Storys erstellt werden. Diese Bilder und Videos sind für 24 Stunden abrufbar und dokumentieren beispielsweise einen Tag. Wie ein Kurztagebuch sind sie eine kreative Form der Berichterstattung aus dem eigenen Leben.

Instagram begann nach dem Kauf durch Facebook zunehmend Werbung anzuzeigen. Wenn User die Instagram-App öffnen, um die Aufnahmen ihrer Freundinnen und Freunde anzusehen, mischen sich unter die Posts von Personen, denen sie folgen, häufig Werbeschaltungen. Diese haben bewusst das gleiche Aussehen wie die sonstigen Inhalte und sind trotz der entsprechenden Kennzeichnung von Instagram auf den ersten Blick oft schwer vom restlichen Content zu unterscheiden. Unternehmen können Werbung direkt über Instagram schalten und auf Basis zahlreicher Kriterien möglichst genau ihr Zielpublikum erreichen.

Ein zweites lukratives Modell von Instagram ist Werbung durch bekannte Personen. Profisportlerinnen und Profisportler machen Werbung für Energydrinks, jedoch nicht auf dem Account des Getränkeherstellers, sondern auf ihrem eigenen Account. Durch das hohe Maß an Vertrauen und Authentizität, das diese Personen genießen, werden entsprechende Fotos oft gar nicht als Werbung empfunden, obwohl sie nicht weniger meinungsmachend sind und Kaufentscheidungen beeinflussen. Die entsprechenden Bilder sind nicht immer als Werbung gekennzeichnet, auch wenn dies gesetzlich notwendig wäre. Oftmals steht das Produkt nicht plakativ im Vordergrund, sondern die Sportlerin oder der Sportler konsumiert ganz zufällig auf dem Foto das beworbene Getränk. Diese Tricks kennen viele Jugendliche bereits von YouTube und anderen Plattformen. Sie stehen dieser Art von Werbung nicht unbedingt negativ gegenüber.

Jugendliche nutzen Instagram damit auf zwei verschiedene Arten: Einerseits, um am Leben anderer (Personen aus dem Freundeskreis und berühmte Persönlichkeiten) teilzunehmen, andererseits um eigene Schnappschüsse aus dem Leben online zu stellen und ihre Follower am eigenen Leben teilhaben zu lassen. Gepostete Bilder und Videos haben meist hohe ästhetische Ansprüche, sind aufwendig hergestellt und mit Filtern bearbeitet. Instagram ist damit vor allem ein kreatives Medium.

Für Jugendliche erfüllt Instagram eine wichtige Funktion in der Selbstwertregulation. Der positive Zuspruch der Peergroup aus Freundinnen und Freunden sowie von Unbekannten auf Instagram baut Selbstbewusstsein auf und stärkt die Jugendlichen. Auf der anderen Seite gibt es auch Mobbing oder Hasskommentare über Instagram, die sehr beleidigend und kränkend und teilweise auch strafrechtlich relevant sein können. Es ist nicht unüblich, dass einzelne Bilder von Jugendlichen über hundert Likes und zahlreiche Kommentare bekommen. Instagram ist eine Plattform, auf der Jugendliche sehr genau steuern können, wie sie sich der Öffentlichkeit präsentieren. Dadurch ist die Plattform auch eine, die nicht unbedingt die Realität abbildet, sondern eher inszenierte Bilder und Videos bietet.

Auf Instagram finden sich tendenziell mehr von diesen »schönen« als von »echten« Bildern. Die gewollte Inszenierung auf der Plattform führt dazu, dass häufig Bilder von schönen Urlauben, tollem Essen und wilden Partys gezeigt werden. Im Vergleich zu manchen Feeds kann das eigene Leben fast langweilig wirken oder es kann der Eindruck entstehen, man verpasse etwas. In der Fachsprache nennt man das »FOMO«. FOMO steht für »fear of missing out«, also die Angst, etwas zu verpassen. Wenn die gezeigten Bilder stets Freundinnen und Freunde auf den Seychellen, beim Surfen, beim Burger-Essen und beim Tanzen abbilden, kann bei manchen Menschen das Gefühl entstehen, dass alle anderen außer man selbst ein wunderbares, actiongeladenes Leben führen.

Dieses Gefühl entsteht vor allem durch die vermeintliche Authentizität der Posts. Zum Beispiel werden auf Instagram Bilder gepostet, die laut den Instagrammerinnen und Instagrammern direkt nach dem Aufstehen entstanden sind. Die Menschen auf den Bildern sind jedoch bereits perfekt geschminkt, haben wunderbar gestylte Haare und trinken ihren ersten Morgenkaffee bei strahlendem Sonnenschein. Diese Bilder sind selbstverständlich gestellt, sollen aber den Anschein der Spontanität erwirken und Authentizität transportieren. »Seht her, so sieht es bei mir morgens aus. So kann es auch bei euch ausschauen«, ist oft die versteckte Botschaft solcher Aufnahmen. Auf Jugendliche können diese Inszenierungen durchaus Druck ausüben.

> *Wie haben Sie sich früher Selbstwert jenseits des Elternhauses erarbeitet? Wo haben Sie sich schön und erfolgreich, vielleicht sogar begehrt gefühlt? Und was haben Sie dafür getan?*

Instagram verbietet als Plattform jede Form von Pornografie. Somit sind zwar Badehosen- und Bikinibilder erlaubt, nicht jedoch Nacktbilder. Instagram filtert hier auch relativ konsequent, insofern das bei einer Plattform, auf der in 60 Sekunden über 50 000 Fotos gepostet werden, möglich ist (aggregierte Daten, ausgewertet 2018 für Data Never Sleeps der Firma Domo – zu finden unter www.domo.com/learn/data-never-sleeps-6, falls Sie ein Gefühl dafür erhalten möchten, was alle 60 Sekunden im Internet passiert). Bilder und Videos, die Gewalt zeigen, sind laut der AGB von Instagram ebenfalls verboten, werden jedoch nicht so konsequent gelöscht wie pornografische

Aufnahmen. Die Wahrscheinlichkeit, zufällig über gewalttätigen Inhalt zu stolpern, ist relativ gering, da man zuerst einem Account folgen muss, um dessen Bilder im eigenen Feed angezeigt zu bekommen. Unter gewissen Stichwörtern sind jedoch sehr wohl auch solche Inhalte auffindbar; es muss jedoch aktiv nach ihnen gesucht werden. Auf unpassenden Inhalt zu stoßen, lässt sich nicht gänzlich verhindern. Jugendliche, die sich erstmalig einen Instagram-Account zulegen, müssen wissen, dass dies passieren kann. Jedes unpassende Foto oder Video kann direkt über eine entsprechende Schaltfläche gemeldet werden.

Was Instagram betrifft, müssen Jugendliche lernen, dass dies eine Welt der schönen Bilder ist, aber kein Abbild der Realität. Zwei zentrale Motive stehen hinter den schönen Fotos: die Steigerung von Selbstbewusstsein und Werbung. Hier sind es wieder kritische Fragen, die helfen können, über Instagram zu sprechen. Wenn Jugendliche einen Instagram-Account haben wollen, spricht im Prinzip nichts dagegen. Wie bei allen anderen Diensten ist die Empfehlung, den Account mit den Jugendlichen gemeinsam einzurichten und die Sicherheitseinstellungen durchzusprechen. Die folgenden Fragen können helfen, eine gemeinsame Haltung zu entwickeln und über die Plattform Instagram ins Gespräch zu kommen:

- Warum möchtest du einen Instagram-Account?
- Weißt du, wie alt du sein musst, damit du einen Instagram-Account haben darfst?
- Wer sind deine Lieblings-Instagrammerinnen und -Instagrammer?
- Warum, glaubst du, dass Instagram kostenlos ist?
- Was machst du, wenn etwas Unangenehmes passiert?

Weiters empfiehlt es sich, mit den Jugendlichen darüber zu sprechen, welche Art von Bildern Sie als Eltern nicht über die Accounts Ihrer Kinder gepostet haben wollen, beispielsweise Bilder von Ihnen.

Dieses gemeinsame Besprechen und Diskutieren schafft eine Haltung zur Plattform Instagram und zeigt den Jugendlichen, dass über die Erlebnisse dort geredet werden kann, ohne Verurteilung und Bewertung. Vielleicht möchten Sie auch gemeinsam einen Blick auf bekannte Instagram-Accounts werfen und besprechen, was sie dort finden.

Links zu bei Kindern und Jugendlichen aktuell beliebten Instagram-Accounts finden Sie unter www.lukas-wagner.at/links.

Zur Reflexion können Sie folgende Fragen stellen:

- Warum, glaubst du, sind diese Personen auf Instagram?
- Wie findest du die Bilder, die sie posten?
  Würdest du auch solche Bilder von dir posten?
- Was gefällt dir nicht so gut?

Zusammengefasst ist Instagram eine kreative Plattform, mit viel Lebendigkeit und Farbe. Sie ist reich an Inszenierung und zeigt oftmals das schöne Leben, nicht unbedingt die Realität. Auf Instagram finden sich für Jugendliche nicht unmittelbar Bedrohungen, wenn sie gelernt haben, auf ihre eigenen Daten zu achten und nicht alles im Internet zu glauben. Wenn diese Grundregeln eingehalten werden, kann Instagram wunderbar Teil des eigenen digitalen Baumhauses sein, als ein großer virtueller Platz, an dem Jugendliche eine Seite von sich selbst zeigen können. Dennoch nutzt Instagram Techniken wie endless scroll, Dopaminkicks durch Belohnen und Werbung, um Userinnen und User bewusst möglichst lange in der App zu halten.

TikTok (ehemals Musical.ly)

Musical.ly ist der überholte Name einer App, die im Jahr 2018 mit der vor allem in China beliebten App TikTok zusammengeführt wurde. Die App ist eine Plattform für Playbackvideos. Auf TikTok ist es möglich, kurze Videoclips anzusehen und auch selbst hochzuladen. Es wird Musik ausgewählt, zu der Userinnen und User tanzen oder schauspielern können. In neuen Versionen ist es auch möglich, Live-Videos zu streamen.

Inhaber Musical.ly wurde im Jahr 2018 mit der App TikTok zusammenführt. Inhaber ist das chinesische Unternehmen ByteDance.

User > 800 Millionen weltweit im Mai 2020 (laut Auskunft von TikTok). Im Juni 2018 waren es noch 180 Millionen, ein rasanter Anstieg in knapp 2 Jahren.

Kosten kostenlos

Mindestalter 13 Jahre. TikTok gibt in den AGB ein Mindestalter von 13 Jahren an. Personen unter 18 Jahren müssen die Aktivierung ihres Accounts erst von Erziehungsberechtigten per E-Mail bestätigen lassen. Dieses E-Mail wird jedoch automatisch versandt und kann auch von den Jugendlichen selbst bestätigt werden. Eine Alterskontrolle findet nur in Form dieser Bestätigung statt.

Rechtliche Konsequenzen bei Unterschreitung des Mindestalters Keine. Kinder unter 14 Jahren sind in Österreich nicht deliktfähig. Für Eltern gilt keine generelle Überwachungspflicht.

Alternativen Teilweise Instagram, teilweise YouTube. Direkte Alternativen fehlen, da TikTok mit Abstand die populärste Plattform dieser Art ist.

Datenschutz TikTok nutzt alle von Userinnen und Usern generierten Daten zu Werbezwecken und behält sich vor, gepostete Videos weiterzuverkaufen und zu verwerten. Ebenfalls können versandte Nachrichten automatisch gescannt werden, um jegliches Nutzungsverhalten zu analysieren und für gezielte Werbung zu verwenden. TikTok zensuriert auch gezielt und bewusst Inhalte, die nicht in das eigene Konzept passen. Nachgewiesene Fälle gibt es hier für Menschen mit Behinderungen, die beispielsweise aus der TikTok-Suche entfernt wurden oder auch Menschenrechtsaktivistinnen und -aktivisten in China.

Einnahmequelle TikTok generiert Einnahmen über das Anzeigen von maßgeschneiderter Werbung sowie den Verkauf von Nutzungsdaten.

Weltweit nutzen überwiegend Teenager TikTok. In Österreich wurden Zahlen zu TikTok von Safer Internet im Jahr 2016 erhoben, hier kam die App auf eine Reichweite von 26 % bei Jugendlichen im Alter zwischen 11 und 17 Jahren, im Jahr 2019 waren es bereits 42 %.

Auf TikTok können Jugendliche Personen folgen, die dort Kurzvideos posten. Auf diesen Videos wird meistens getanzt oder Comedy vorgeführt. Die Videos haben die Ansprüche, lustig zu sein, Kreativität auszudrücken und zu unterhalten. Innerhalb von kurzer Zeit sind erfolgreiche TikTok-Stars entstanden, die ein Millionenpublikum haben, das jedes ihrer Videos ansieht.

Jugendliche können auf TikTok auch selbst Kurzvideos veröffentlichen. Hierzu wählen sie zuerst eine passende Musik aus und filmen sich dann mit der Kamera des Smartphones. Das Video kann anschließend mit Filtern verändert und direkt in der App zugeschnitten werden. Anschließend wird es hochgeladen und kann damit von anderen Personen auf TikTok gesehen werden. In der Standardeinstellung der App werden alle hochgeladenen Videos öffentlich gepostet. Das potenzielle Millionenpublikum macht die App für Jugendliche attraktiv, die sich positiven Zuspruch holen und ihre Kreativität ausdrücken wollen. Dennoch kommt es auf TikTok immer wieder zu Fällen von Hasskommentaren, Mobbing oder Cyber-Grooming, also dem Anbahnen von sexuellen Kontakten mit Minderjährigen. In diesem Zusammenhang stand TikTok bereits vermehrt im Licht der Öffentlichkeit, da es auch zu Vorfällen von Pädophilie kam. Personen haben hier gezielt Kinder angesprochen und versucht, an Nacktbilder zu kommen bzw. die Kinder zu einem Treffen zu überreden. Erste Anfragen können Kinder und Jugendliche manchmal schon Minuten nach ihrer ersten Registrierung erreichen.

TikTok ist an sich keine gefährliche Plattform; dazu müssen aber einige Grundregeln eingehalten werden. Im Zuge der Übernahme von Musical.ly durch TikTok versprach das Unternehmen, nachzubessern und verstärkt Kontrollmechanismen einzuführen. Durch den Öffentlichkeitscharakter der App sind solche Mechanismen jedoch schwer umsetzbar. Profile sollten auf privat gestellt werden, damit die eigenen Videos nicht öffentlich einsehbar sind. Dennoch ist es für viele Jugendliche wichtig, ihre Kreativität möglichst öffentlich zur Schau zu stellen. Problematisch ist auch, dass sich auf TikTok immer wieder Accounts von Kindern finden, die teils deutlich unter 13 Jahre alt sind. Ebenfalls ist es möglich, das Empfangen von Nachrichten von fremden Personen zu deaktivieren. Diese Funktion sollte auch aktiviert werden.

Es ist sehr schwierig, die weitere Entwicklung von TikTok einzuschätzen. Es ist durchaus möglich, dass die App ihren Zenit bereits überschritten hat und in ein bis zwei Jahren bereits kein Thema mehr ist. Die aktuelle Verbreitung in Österreich ist trotz der Umfragen schwer einzuschätzen, da oft auch jüngere Kinder die App nutzen, diese jedoch in den meisten Statistiken nicht erfasst werden, weil überwiegend Kinder ab 11 Jahren befragt werden. Durch die Umbenennung auf TikTok liegen auch noch keine neuen Nutzungszahlen vor. Sie gehört auf jeden Fall laut Downloadstatistik von Google und Apple zu den am meisten heruntergeladenen Apps in Österreich.

Wie bei anderen Diensten üblich können Kinder und Jugendliche schwer bis gar nicht rechtlich belangt werden, wenn sie TikTok ohne Zustimmung der Eltern nutzen und damit gegen die AGB verstoßen. Ob Sie Ihrem Kind vor dem 13. Geburtstag die Nutzung von TikTok erlauben, ist eine Familienentscheidung und kann nicht pauschal beantwortet werden. Sollte das Kind einen Account haben dürfen, sollte dieser gemeinsam mit Ihnen eingerichtet werden. Achten Sie darauf, dass die Privatsphäre-Einstellungen auf »privat« gestellt sind. Das ist auch ein geeigneter Zeitpunkt, um mit Ihrem Kind zu besprechen, warum Ihnen das wichtig ist. Es ist jedoch technisch nicht zu verhindern, dass das Kind diese Einstellungen jederzeit ändert. Wenn Ihr Kind auf die eigenen Daten achten kann und weiß, wo es sich Hilfe und Unterstützung holen kann, steht der Nutzung von TikTok nichts entgegen. Es sollte jedoch in einem vorbereitenden Gespräch geklärt werden, welche Inhalte für Sie in Ordnung sind und welche nicht.

TikTok bietet auch eine gute Gelegenheit, um in der Familie über das Thema Schönheitsideale zu sprechen. Gerade auf dieser Plattform werden gängige Schönheitsideale inszeniert und gezeigt. Bauchfreie 13-jährige Mädchen und junge Burschen mit Sixpack tanzen vor der Kamera und geben durch ihre Popularität vor, wie Körper angeblich auszusehen haben. Dies entspricht natürlich nicht immer der Realität; nachgeholfen wird durch Filter und Perspektive.

Um hier eine eigene Haltung zu entwickeln, können Sie sich folgende Reflexionsfragen stellen und diese mit Partnerin oder Partner, Freundinnen oder Freunden diskutieren:

- Welche Inhalte darf mein Kind im Internet nicht preisgeben?
- Wie reagiere ich, wenn es ein Video posten möchte oder postet, das ich nicht in Ordnung finde?
- Welche Arten von Videos (Musik, Comedy ...) sind für mich in Ordnung?
- Was mache ich, wenn mein Kind das eigene Profil auf öffentlich schalten möchte?

Um einen ersten Einblick in die App TikTok zu bekommen, starten Sie eine schnelle Suche auf YouTube nach dem Begriff »TikTok Compilation«. Sie finden dann tausende Zusammenschnitte aus unterschiedlichen Videos von TikTok.

Um Ihr Kind auf die Nutzung von TikTok vorzubereiten und einen gemeinsamen Prozess zu starten, können Sie mit diesen Fragen das Gespräch suchen:

- Warum möchtest du TikTok haben?
- Was möchtest du denn gerne auf TikTok posten?
- Kennst du andere, die die App bereits nutzen?
- Was machst du, wenn etwas Unangenehmes passiert?
- Welche Videos, denkst du, könnten für uns nicht in Ordnung sein?
- Können wir dir noch irgendwie helfen?

Wenn Ihr Kind merkt, dass es mit Ihnen offen über die Plattform und die dortigen Erlebnisse sprechen kann, entsteht eine gute Basis für eine spannende und sichere Nutzung dieser App. Erste Streifzüge sollten auf jeden Fall gemeinsam stattfinden.

Wenn Sie besonders intensiv begleiten möchten oder neugierig sind, bieten Sie Ihrem Kind Ihre Unterstützung an. Helfen Sie ihm, indem Sie das Smartphone halten oder Ideen liefern, wie ein Video noch lustiger oder kreativer werden könnte. Diese Art von neugierigem, liebevollem Begleiten ermöglicht es, das Kind sowohl zu unterstützen als auch ein aufmerksames Auge auf die Inhalte zu werfen. Gleichzeitig können auch hier immer Reflexionsfragen gestellt werden, um in einer laufenden, lebendigen Diskussion zu bleiben.

Information / Unterhaltung

Die Informationswelt im Internet ist überwiegend fest in der Hand einer Firma: Google. Google betreibt nicht nur die weltweit größte und uns allen bekannte Suchmaschine, sondern hat auch die Videoplattform YouTube gekauft. Mit dem Betriebssystem Android entwickelt Google auch die Grundlage für den Großteil aller Smartphones weltweit. YouTube hat sich in den letzten Jahren zur Suchmaschine der Wahl von Kindern und Jugendlichen entwickelt. Die YouTube-App gehört zu den beliebtesten Apps überhaupt und ist in zahlreichen Statistiken auf dem zweiten Platz, direkt hinter WhatsApp. Die Verknüpfung zwischen YouTube und Google ist wichtig, um den Informationsfluss zu verstehen. Google ist sozusagen das Dachunternehmen, YouTube ist eines von hunderten Produkten der Firma Google.

Zwar gibt es im Onlineentertainmentbereich durchaus Konkurrenten zu YouTube, allen voran die Streaming-Plattform twitch.tv (die von Amazon gekauft wurde), es sind aber vor allem die YouTube-Stars, die Kinder und Jugendliche faszinieren. Unterhaltung wird heutzutage bei Kindern und Jugendlichen oft gleichgesetzt mit YouTube und dem vielseitigen Angebot dort. YouTube erfreut sich in Umfragen einer höheren Beliebtheit als die vier bei Kindern am beliebtesten Fernsehsender (Pro7, Sat 1, Super RTL und RTL 2) gemeinsam. Das lineare Fernsehen als Unterhaltungsmedium ist bei Kindern und Jugendlichen gänzlich von YouTube abgelöst worden.

YouTube

YouTube ist eine Videoplattform der Firma Google. Auf YouTube können Videos kostenlos betrachtet und hochgeladen werden. Zahlreiche YouTube-Stars leben von den Werbeeinnahmen, die sie mit ihren Videos generieren.
Auf YouTube ist es möglich, einen eigenen Kanal zu kreieren und mit Videos zu füllen. Ab einer gewissen Anzahl an Abonnenten kann für die hochgeladenen Videos Werbung geschaltet werden. Über diese Werbung können YouTuberinnen und YouTuber ihre Arbeit finanzieren.
Für Jugendliche bietet YouTube die perfekte Kombination aus Information und Unterhaltung (also Entertainment),

auch als »Infotainment« bezeichnet. Für Kinder und Jugendliche ist YouTube damit die Informations- und Unterhaltungsplattform der Wahl. Hier finden sie alles, was sie interessiert, täglich neu aufbereitet und kostenfrei. Im Kapitel »So nah wie noch nie« wurde schon einiges zu der Faszination von YouTube geschrieben.

Inhaber YouTube wurde 2005 in den USA gegründet, 2006 wurde es bereits von Google aufgekauft und ist seitdem ein Tochterunternehmen der Firma Google.

Zahlen & Fakten 2 Milliarden User monatlich im Jahr 2020. Über 5 Milliarden Videos wurden seit der Gründung auf die Plattform geladen. 5 Milliarden Videos werden jeden Tag angesehen, pro Minute werden 400 Stunden Videomaterial neu auf YouTube geladen. YouTube streamt pro Tag damit 1 Milliarde Stunden Videomaterial (laut der Firma YouTube).

Kosten kostenlos

Mindestalter Um einen eigenen Google-Account erstellen zu können, müssen Personen mindestens 14 Jahre alt sein. Videos auf YouTube können jedoch auch ohne Account betrachtet werden, außer die Videos wurden durch die Erstellerin oder den Ersteller entsprechend markiert.
Um diese geschützten Videos betrachten zu können, ist ein kostenloser Account notwendig. Eine gezielte Alterskontrolle erfolgt beim Erstellen des Accounts nicht. Die meisten Userinnen und User verfügen bereits über einen Google-Account, da sie diesen für ein anderes Google-Produkt benötigen. Ohne Google-Account können am Android Smartphone beispielsweise keine Apps runtergeladen werden.

Rechtliche Konsequenzen bei Unterschreitung des Mindestalters Keine. Kinder unter 14 Jahren sind in Österreich nicht deliktfähig. Für Eltern gilt keine generelle Überwachungspflicht.

Alternativen Durch die Reichweite von YouTube und die Verankerung der zahlreichen YouTube-Stars auf dieser Plattform gibt es inhaltlich zum aktuellen Zeitpunkt keine Alternative zu YouTube. Eine technisch ähnliche Videoplattform ist Vimeo.

Einnahmequelle YouTube generiert Einnahmen in der Höhe von circa 12 Milliarden US-Dollar pro Jahr durch Werbung. Mittels geschickter Datenanalyse und Werbeeinschaltungen am Beginn oder während bestimmter YouTube-Videos kann das Unternehmen Werbeeinnahmen lukrieren. YouTube ist die größte Videoplattform der Welt, produziert jedoch kein einziges Video selbst. Prinzipiell könnte YouTube auch als reine Werbeplattform betrachtet werden, die Videos von Userinnen und Usern nutzt, um passende Werbung anzuzeigen. Die Produkte der Firma YouTube sind damit nicht die Videoplattform oder die Community, sondern die Werbeeinschaltungen und die Datenanalyse.

YouTube ist in der Internetwelt ein besonderes Phänomen. Die Plattform hat innerhalb von nur wenigen Jahren für viele Kinder und Jugendliche das klassische Fernsehen überflüssig gemacht. Diese Art des Videokonsums wird als nicht-linear bezeichnet, was bedeutet, dass die Nutzerinnen und Nutzer selbst von einem Video zum nächsten schalten können und nicht auf bestimmte Sendezeiten angewiesen sind. Die klassischen Fernsehsender können mit diesem Angebot nicht mithalten, haben jedoch im Gegenzug eigene Plattformen geschaffen oder nutzen selbst vermehrt YouTube, um ihre Inhalte zu veröffentlichen. Auf YouTube kann jederzeit jedes Video angesehen werden. Eventuelle Urheberrechtsverletzungen werden von YouTube nicht immer sofort erkannt, wodurch das Angebot noch üppiger ausfällt. Dieser nicht-lineare Konsum von Videos zeigt sich ebenfalls bei Netflix oder Amazon Prime Video, im Bereich der Musik beispielsweise bei Spotify.

Um Kinder und Jugendliche in die Welt von YouTube zu begleiten, empfiehlt es sich ganz klar, den ersten YouTube-Account gemeinsam einzurichten. Um einen Account anzulegen, muss ein sogenanntes Google-Konto erstellt werden. Durch die Reichweite von Google wird dasselbe Konto außerdem dazu benutzt, ein Smartphone mit Android Betriebssystem zu nutzen, Kanäle auf YouTube zu abonnieren, Suchen auf der Google-Suchmaschine zu speichern, einen E-Mail-Account bei Gmail zu bekommen, Telefonkontakte bei Google zu verwalten, einen Kalender anzuzeigen und vieles mehr. Der Google-Account ist die Eintrittskarte zu unzähligen Services der Firma Google und den mit Google verknüpften Unternehmen. Das gemeinsame Einrichten eines Accounts ist außerdem die Möglichkeit, ins Gespräch zu kommen. Vielleicht kennen die Kinder und Jugendlichen schon bestimmte YouTube-Stars aus Erzählungen in der Schule und freuen sich, wenn sie einmal davon berichten können.

Um einen eigenen Google-Account erstellen zu dürfen, müssen Personen in Österreich mindestens 14 Jahre alt sein. Mit Google Family Link können Sie auch für Kinder Accounts erstellen, die unter 14 Jahre alt sind. Wie auch bei den anderen Diensten könnten Kinder natürlich jederzeit bei der Alterseingabe schummeln. Im Abschnitt »Begrenzen« finden Sie noch weitere Informationen zu Google Family Link. Vor allem für Kinder, die jünger als elf oder zwölf Jahre sind, empfiehlt es sich, die kostenlose App YouTube Kids zu installieren. Mit dieser App, die ebenfalls von Google selbst produziert wird, können nicht kindgerechte Videos gefiltert werden, spezielle Kinderkanäle aktiviert und Zeitlimits gesetzt werden. YouTube Kids bietet damit eine abgespeckte Version von YouTube an, die zumindest in Ansätzen einen geschützten Rahmen für Kinder bietet. Die normale YouTube-App sollte von Kindern nicht unbeaufsichtigt genutzt werden, innerhalb weniger Klicks ist es problemlos möglich, Videos mit gewalttätigen Inhalten aufzurufen.

Auf YouTube sind bestimmte Inhalte kategorisch verboten. YouTube verbietet das Hochladen von Pornografie, anstößigen Inhalten oder anderen Videos, die gegen die Community-Richtlinien verstoßen. Die Firma YouTube filtert hier sehr konsequent. Tatsächlich pornografische Inhalte befinden sich damit selten bis nie auf YouTube. Pornografie beginnt für YouTube dort, wo Personen nackt zu sehen sind. Videos, die sexuelle Handlungen zeigen, können somit online bleiben, solange kein Penis oder eine Vulva bzw. Brüste zu sehen sind. Für viele, vor allem männliche Jugendliche, ist YouTube auch in Sachen Sexualität die Aufklärungsquelle Nummer eins.

Wenn Ihr Kind YouTube nutzen möchte, sind die folgenden Fragen oft hilfreich, um in ein Gespräch zu kommen und einen Begleitungsprozess zu starten:

- Warum möchtest du YouTube schauen / haben?
- Hast du schon eine Lieblings-YouTuberin / einen Lieblings-YouTuber?
- Was gefällt dir denn gut an ihr / an ihm?

- Schauen wir uns mal gemeinsam ein Video an und du erklärst es mir?
- Was machst du denn, wenn du etwas Unangenehmes auf YouTube siehst? Mit wem kannst du dir vorstellen, darüber zu sprechen?
- Wie häufig möchtest du denn YouTube schauen? (pro Tag, pro Woche ...)

Lassen Sie sich von Ihrem Kind ruhig einige YouTube-Videos zeigen. Falls Sie nicht mitkommen oder nicht verstehen, worum es geht, ist das genau der richtige Moment, die Kinder zu den Expertinnen und Experten zu machen, die sie sind. Lassen Sie sich erklären, worum es geht und was an einem Video so spannend oder lustig ist. Das sind Momente, in denen Sie einen exklusiven Einblick in diese Welt bekommen. Es sind aber auch Momente, in denen Sie kritische Fragen stellen und einen Reflexionsprozess bei Ihrem Kind anstoßen können.

Diese Beispielsätze können geeignet sein, um YouTube-Videos kritisch zu hinterfragen:

- Warum macht die YouTuberin / der YouTuber solche Videos?
- Was, glaubst du, machen sie, wenn sie eines Tages nicht mehr YouTube-Stars sind?
- Glaubst du, ist es immer lustig, solche Videos zu machen, oder kann das manchmal richtig viel Arbeit sein?
- Woher hat denn diese YouTuberin / dieser YouTuber ihre / seine Informationen?

Durch die hohe Authentizität, die YouTuberinnen und YouTuber bei Kindern und Jugendlichen genießen, ist es wichtig, nicht zu kritisch zu werden. Sie hätten sich wahrscheinlich auch nicht gefreut, wenn Ihre Eltern Ihnen erklärt hätten, dass Ihre Stars Idioten sind oder ohnehin nur Blödsinn produzieren. Bleiben Sie neugierig und offen, lassen Sie sich überraschen und lassen Sie sich auf diese Welt der jungen Menschen ein. Sie werden erstaunt sein, wie viel Kreativität dort zu finden ist. Gleichzeitig bleibt Ihnen immer die Methode des kritischen Hinterfragens. Auf YouTube lassen sich auch tausende neue Dinge lernen: von Yoga über Gärtnern, die Grundlagen der Elektrotechnik, Programmieren oder Handarbeiten, ein Musikinstrument oder Scherenschnitt. Falls es etwas gibt, was Sie schon immer lernen wollten, finden Sie mit Sicherheit ein Video dazu auf YouTube.

Viele der YouTube-Stars sind geschickte Marketing-Strategen. YouTube ist ihr Beruf und ihre Zielgruppe sind Kinder und Jugendliche. Ob Entertainment, Comedy oder Gaming: Alle Inhalte sind dazu gemacht, zu unterhalten – und um Geld zu verdienen. Wenn es gelingt, dass Kindern und Jugendlichen dies bewusst ist, spricht nichts gegen einen geregelten YouTube-Konsum. Wie bei den meisten anderen Diensten auch, gibt es eine hohe Faszinationsphase mit YouTube und den unendlichen Inhalten dort, die meistens nach einiger Zeit von selbst wieder aufhört. Ähnlich wie es mit dem Fernsehen ist oder auch war, ist YouTube eben eine Form der Freizeitbeschäftigung, der Unterhaltung und der Information geworden. Es ist etwas, worüber Kinder und Jugendliche sich in der Schule gemeinsam austauschen können und wo sie Inhalte sehen, die sie besonders interessieren. Für kritische Userinnern und User ist YouTube eine überwiegend unbedenkliche Plattform.

Den Satz »Mama, ich werde jetzt YouTube-Star!« haben in den letzten Jahren zahlreiche Eltern gehört. Während es im vorangegangenen Abschnitt vor allem darum ging, wie wir Kinder und Jugendliche bei ihrem YouTube-Konsum begleiten können, soll es im Folgenden darum gehen, was wir tun können, wenn Kinder und Jugendliche selbst aktiv in die Welt von YouTube einsteigen wollen.

Für viele junge Leute ist das Berufsbild YouTuberin und YouTuber fest in ihren Köpfen verankert. Tatsächlich leben inzwischen auch viele Menschen von der Videoproduktion für YouTube. Für Kinder und Jugendliche bedeutet dies, dass auch sie an diesem Kuchen mitnaschen möchten. Die YouTuberinnen und YouTuber lassen das in den Videos entsprechend einfach aussehen. Das führt zur Überlegung, eigene Videos zu produzieren, um Schminktipps zu geben oder Comedy zu machen, oder sogenannte Let's Play Videos zu erstellen, in denen die Zuschauerinnen und Zuschauer einer Person beim Spielen von Videospielen zuschauen. Die finanzielle Realität schaut nicht immer rosig aus.

Was kann also getan werden, wenn das eigene Kind YouTube-Star werden will? Zuerst gilt es, diesen Wunsch ernst zu nehmen. Auch wir wollten früher bekannt werden, haben vielleicht in einer Musikgruppe gespielt oder vor dem Spiegel so getan, als würden wir vor einem Millionenpublikum auf der Bühne stehen. Der Wunsch, bekannt und erfolgreich zu werden, ist für sich nichts Neues oder Verwerfliches. Geändert hat sich sozusagen nur die Bühne – die heißt jetzt eben YouTube. Abgesehen von der Tatsache, dass es äußerst unwahrscheinlich ist, auf YouTube erfolgreich zu werden (was Kinder ruhig wissen dürfen), sind Videos ein Weg, um sich kreativ auszudrücken und Medienkompetenz und technische Fertigkeiten zu erlernen.

Eine Möglichkeit, um das eigene Kind positiv zu unterstützen, ist, es nach einem Businessplan zu fragen. Das könnte zum

Beispiel so aussehen: »Du möchtest YouTube-Star werden? Das klingt ja voll spannend. Mit welchen Videos möchtest du denn erfolgreich werden? Wie wirst du diese Videos denn machen? Gibt es da nicht schon ganz viele andere? Was wird dich denn von den anderen unterscheiden? Mit welchem Account wirst du die Videos denn raufladen?« Entwickeln Sie den Businessplan ruhig gemeinsam mit Ihrem Kind. Davon ausgehend, dass Sie Ihrem Kind ohnehin schwer verbieten können, Videos zu machen (die entstehen sonst einfach bei Freundinnen und Freunden), ist es unkomplizierter und sicherer, die Reise gemeinsam zu beginnen. Stellen Sie Ihrem Kind kritische Fragen und, wenn es das möchte, helfen Sie ihm vielleicht sogar beim Erstellen der Videos. Wenn Sie die Kamera halten und Rückmeldung geben, bleiben Sie in Kontakt und im Gespräch und sehen gleichzeitig, was das Kind sich überlegt hat.

Das Gleiche gilt für das anschließende Hochladen der Videos. Wenn Sie das gemeinsam machen, können Sie sehen, welche Einstellungen aktiviert sind und auch hier nachfragen. Auch haben sich einige Grundregeln bewährt, die mit wenig Aufwand helfen, die eigenen Daten gut zu schützen: Der YouTube-Name sollte eine kreative Erfindung sein, die nicht direkt auf eine Person zurückgeführt werden kann. LukasWagner17 ist kein guter YouTube-Name, während BaseballFan12 ein sehr brauchbarer ist, da er sehr abstrakt ist. Das Gleiche gilt für das Anzeigebild auf YouTube sowie für mögliche Verlinkungen zu Social Media Accounts in den Videobeschreibungen. Viele Personen haben dort ihren Instagram-Account verlinkt sowie ihren Snapchat-Namen stehen, was dazu führt, dass sehr einfach noch weitere Daten recherchiert bzw. Direktnachrichten geschickt werden können.

Im Vorhinein wäre es auch gut, wenn Sie als Eltern über Ihre eigene Haltung nachdenken und diese auch mit Ihrem Kind diskutieren. Folgende Fragen können bei den ersten Überlegungen helfen:

- Welche Inhalte dürfen in Videos, die unser Kind postet, nicht zu sehen sein?
- Welche Videos finden wir selbst lustig?
- Wie können wir unser Kind unterstützen, die eigene Kreativität in Form von Videos auszuleben?
- Welche persönlichen Daten darf unser Kind nicht auf YouTube preisgeben?
- Welche Informationen zum Thema YouTube fehlen uns noch und wo können wir sie finden?

Für den Großteil aller Kinder und Jugendlichen ist YouTube eine Unterhaltungsplattform, auf der sie Inhalte konsumieren, und weniger eine, auf der sie selbst aktiv Videos posten. Wie vielleicht unsere Eltern den Fernsehkonsum manchmal kritisch sahen oder auch die Sendungen, die wir angesehen haben, für sinnbefreit hielten, sind es jetzt wir als Elterngeneration, die diesem Medium kritisch gegenübersteht. Unsere kritische Haltung gegenüber YouTube hat durchaus eine Berechtigung. Vielleicht lohnt es sich aber auch manchmal, ein wenig in diese Welt einzutauchen und Videos zu den eigenen Hobbys zu suchen und sich auch ein wenig verzaubern zu lassen – um etwas Neues zu lernen, aber vielleicht auch einfach nur, um die eigenen Kinder besser zu verstehen.

Twitch.tv

Das Live-Streaming von Bildschirmspielen ist in den letzten Jahren ein Milliardenmarkt geworden. Streamerinnen und Streamer zeigen bestimmte Szenen, besonders schwere Stellen, geben Tipps oder (und das ist die häufigste Kategorie an Stream) spielen vor sich hin. Die Zuschauerinnen und Zuschauer nehmen durch den Konsum solcher Videos sozusagen nur passiv am Spiel teil. Durch die Live-Streaming-Funktionen von YouTube ist es möglich, diese Videos live zu teilen, marktführend in diesem Bereich ist jedoch die Plattform twitch, zu finden unter twitch.tv.

Auch das ist inzwischen durchaus ein Beruf geworden. Die Zuschauerinnen und Zuschauer können Geldbeträge direkt über die Plattform twitch.tv spenden. Erfolgreiche Personen auf twitch.tv haben pro Tag einige tausend bis zehntausend Zuseherinnen und Zuseher. Somit kann auch durch relativ geringe Spenden von nur 1 – 2 Euro pro Person ein recht stattlicher Verdienst zusammenkommen. Hier ist eine neue Form von Spendensammlung zu beobachten: Crowdfunding. Die Spielerinnen und Spieler werden damit direkt von ihrer eigenen Community finanziert.

Auf YouTube ist die Kategorie »Gaming« bereits eine mit den meisten Videos. Der von YouTube selbst erstellte Kanal, der Videos zum Thema Gaming zusammenfasst, hatte Ende 2018 über 80 Millionen Abonnentinnen und Abonnenten. In den meisten größeren Städten gibt es bereits Bars, in denen große Videospielturniere live übertragen werden. Bei »League of Legends« beispielsweise können bei einer Liveübertragung durchaus einige

Millionen Zuseherinnen und Zuseher online gezählt werden. Die World Championship Turniere werden in umgebauten Stadien abgehalten, wo auch vor Ort zehntausende Fans sein können, bei einer Stimmung, die einem Fußball World Cup ähnelt. Das professionelle Spielen von Videospielen wird als eSports, kurz für Electronic Sports, bezeichnet. Es gibt bereits erste Bestrebungen, gewisse Videospiele im eSports-Format als Teil der Olympischen Spiele abzuhalten.

Für einen Blick in diese Welt öffnen Sie einfach auf Ihrem Computer die Website https://www.twitch.tv und klicken sich durch das Angebot. Oder noch besser: Sie lassen sich von Ihrem Kind seine liebsten Gamerinnen und Gamer zeigen. Diese Streaming-Plattformen veranschaulichen auch, warum das Verbot gewisser Videospiele pädagogisch sinnvoll ist (beispielsweise, weil sie zu brutal sind), die Kinder und Jugendlichen aber nie gänzlich von den Inhalten ferngehalten werden können. Auch wenn das Spiel nicht im eigenen Besitz ist, kann es problemlos online angesehen werden.

Twitch als Anbieter von Live-Streaming ist vor einigen Jahren von Amazon gekauft worden und inzwischen auch bei vielen Usern automatisch mit dem eigenen Amazon-Account verknüpft. Für Amazon war der Kauf von twitch ein lohnendes Investment, die Plattform erfreut sich täglich höherer Beliebtheit. Twitch selbst hat keinerlei Alterskontrollen. Somit können auch achtjährige Kinder Bildschirmspiele betrachten, die erst ab 18 freigegeben sind. Twitch blendet einmalig einen kurzen Hinweis ein, dass sich der gewählte Kanal an Erwachsene richtet. Nach einem einmaligen Bestätigen ist es dann möglich, die Inhalte zu betrachten. Viele Twitch-Streamer haben tausende Fans und streamen täglich zur selben Zeit. Für sie ist damit Streaming ein Hauptberuf geworden. Mehr dazu finden Sie im Kapitel »Hauptberuflich Spielen«.

Videospiele

Über das sehr komplexe Thema Computerspiele sind schon zahlreiche Bücher geschrieben worden. Ständig lösen neue Videospiele die alten ab, Trends kommen und Trends gehen und das Spielen verlagert sich von der Videokonsole zum Smartphone, zum Laptop und zurück. Auf die aktuell wichtigsten Videospiele einzugehen, ist damit beinahe unmöglich.

Einiges Grundsätzliches lässt sich jedoch sagen: Das Spielen von Videospielen lässt sich nur sehr beschränkt verbieten oder verhindern. Ein konstruktives Begleiten ist für Eltern immer möglich. Konstruktiv bedeutet auch, dass die Kinder und Jugendlichen Spiele spielen, die für ihr Alter geeignet sind. Dennoch ist es oft so, dass vor allem brutale Videospiele eine ungemeine Faszination ausüben, eben weil sie ein Tabu sind.

Eine grundsätzliche Empfehlung ist, jedes Spiel zuerst mit dem Kind gemeinsam zu spielen. Nehmen Sie sich die Zeit, sich hinzusetzen, das Spiel auszuprobieren oder zuzusehen und sich die Faszination erklären zu lassen. In vielen Familien sind dies die ersten Momente, in denen Kinder plötzlich erstmals etwas besser können als ihre Eltern – eigentlich sogar ein ganz besonderer Augenblick. Spielen Sie mit Ihren Kindern gemeinsam. So können Sie nicht nur über die Schulter schauen, Sie lernen auch besser zu verstehen.

> *Haben Sie in Ihrer Kindheit und Jugend Videospiele gespielt? Falls Sie diese noch haben, bieten sie sich für einen spannenden Nachmittag mit den eigenen Kindern an. Viele Kinder und Jugendliche haben keine Ahnung, wie Videospiele vor über zwanzig Jahren ausgesehen haben.*

Wenn Ihr Kind ein neues Spiel möchte, lassen Sie sich erklären, worum es in diesem Spiel geht. Vielleicht möchten Sie sich gemeinsam ein Video zu diesem Spiel auf YouTube ansehen und damit einen ersten Vorgeschmack bekommen. Es gibt zahlreiche kindertaugliche Spiele, sowohl für Smartphones als auch für Konsolen und PCs. Im Abschnitt »Begrenzen« wird noch darauf eingegangen werden, wie es gelingen kann, den Konsum in geregelten Bahnen zu halten.

Sollte Ihr Kind ein Spiel spielen wollen, dass Sie als Eltern nicht gut finden, so ist das eine Frage Ihrer persönlichen Haltung. Gewisse Spiele gehören nicht in die Hände von Kindern. Alle Spiele sind entsprechend gekennzeichnet und dürfen an Personen unter 18 Jahren in Österreich beispielsweise auch nicht verkauft werden. In solchen Fällen geht es nicht nur darum, eine Haltung zu haben, sondern diese auch zu beweisen. Manchmal bedeutet das, dass Sätze fallen wie: »Wir wissen, dass du dieses Spiel spielen möchtest. Aber wir finden es nicht gut, wenn in Videospielen Gewalt gezeigt oder verherrlicht wird. So etwas möchten wir in unserer Familie nicht und das wird bei uns zuhause nicht gespielt werden. Wir wissen aber auch, dass du das Spiel jederzeit woanders spielen kannst. Das können und wollen wir nicht verhindern. Aber unsere Haltung ist klar.« Es ist Ihre Haltung, die Kindern und Jugendlichen Orientierung bietet und die die Rahmenbedingungen für Videospiele klar macht. Ein

Vergleich mit dem Rauchen bietet sich an. Wenn ein 15-jähriger Jugendlicher wirklich rauchen möchte, werden wir ihn nicht daran hindern können. Wir können nicht jede Minute neben ihm oder ihr stehen oder das Zimmer zusperren. Aber wir können als Eltern sehr klar sagen, dass wir das bei uns zuhause nicht tolerieren werden und es immer wieder zum Thema machen, wenn wir merken, dass geraucht wurde. Ähnlich ist es mit Videospielen. Ob das konkrete Verbot dann von den Kindern tatsächlich geachtet wird, rückt hierbei fast in den Hintergrund. Viel zentraler finde ich, dass Kinder merken, dass wir ein Verhalten nicht gutheißen, dafür auch fundierte Gründe haben und bereit sind, diese Meinung zu vertreten und immer wieder zu kommunizieren.

In jedem Fall ist ein gemeinsames Entdecken besser als ein Alleinlassen. Für viele Jugendliche ist es eine große Freude, wenn die Eltern plötzlich mit ihnen gemeinsam spielen und so an ihrer Welt teilhaben wollen. Dieses Interesse macht Mut, über Erlebnisse zu sprechen, und bricht das Tabu rund um Videospiele. Die Kinder erleben so, dass ihre Eltern spannend finden, was sie jeden Tag tun, und auch für diese Form von Spaß zu haben sind.

Um mit den eigenen Kindern über Videospiele ins Gespräch zu kommen, bieten sich die folgenden Fragen als Einstieg an:

- Welche Spiele möchtest du spielen?
- Weißt du schon, worum es bei diesem Spiel geht?
- Was gefällt dir denn so gut an diesem Spiel?
- Möchtest du mir einmal zeigen, wie das Spiel funktioniert?
- Was machst du, wenn du im Spiel etwas Schlimmes oder Unangenehmes erlebst?
- Wie können wir dich ansprechen, wenn wir möchten, dass du nicht so viel spielst?

Um eine eigene Haltung zu entwickeln, könnten die folgenden Fragen Denkanstöße sein:

- Welche Spiele haben wir selbst früher gespielt? Haben wir schon Videospielerfahrung?
- Welche Spiele gehören nicht in die Hände von Kindern? Wie begründen wir dieses Verbot? Was sind unsere Argumente dafür?
- Welche Spiele wollen wir unserem Kind erlauben?
- Darf unser Kind selbst Spiele kaufen und installieren oder geht das nur, wenn wir das freigeben?

Videospiele sind inzwischen eine weltweit gängige Form von Unterhaltung und Kunst geworden. Tausende neue Spiele erscheinen jede Woche und kämpfen um Aufmerksamkeit. Dennoch sind Videospiele nur eine von vielen Möglichkeiten, die Freizeit zu gestalten. Wenn das für Kinder und Jugendliche klar ist, gibt es nichts, was grundsätzlich gegen Videospiele spricht. Sie schulen die Reflexe und das Teamdenken, sind oft kooperationsbasiert und helfen, neue Freundschaften zu finden. Sie können Gesprächsthema unter Freundinnen und Freunden sein und bieten eine Möglichkeit für kollegialen Wettbewerb. Und das gemeinsame Spielen von bestimmten Videospielen könnte ja sogar noch zu einer gelegentlichen Familienaktivität werden, bei der alle gemeinsam Spaß haben. Gleichzeitig zeigt die internationale Studienlage relativ deutlich, dass auch Bildschirmspiele, die Gewalt zeigen, Jugendliche nicht dazu anstiften, selbst Gewalt auszuüben. Auf den Punkt gebracht: Bildschirmspiele, bei denen es darum geht, jemanden abzuschießen, werden von hunderten Millionen Menschen weltweit gespielt.

Dennoch steigt beispielsweise die Jugendgewalt nicht an und auch tragische Amokläufe bleiben absolute Ausnahmen. Die Analyse von Einzelfällen hat gezeigt, dass insbesondere bei diesen Ereignissen Jugendliche schon zahlreiche gewalttätige und traumatische Erfahrungen gemacht haben und nicht durch Bildschirmspiele animiert wurden, ein solches Verbrechen zu begehen. Tatsächlich aber gibt es in der Literatur auch vereinzelte Hinweise darauf, dass Jugendliche, die bereits (aus welchen Gründen auch immer) tendenziell zu mehr Gewalt neigen, eventuell durch gewalttätige Bildschirmspiele häufiger zuschlagen. Die genaue Forschung zu diesen Fällen läuft jedoch noch. Ein Jugendlicher in einem Workshop hat das einmal schön auf den Punkt gebracht: »Durch Spiele lernt man vieles, aber sicher nicht töten. Wenn ich Fifa (das bekannteste Fußballspiel der Welt) spiele, werde ich auch nicht automatisch zum Fußballprofi.« An dieser Aussage, finde ich, ist etwas dran.

HAUPTBERUFLICH SPIELEN

Und was, wenn das Hobby ein Beruf werden könnte? Die zahlreichen Twitch-Streamer machen es den Kindern vor. Was wäre, wenn man das liebste Hobby, das Spielen, zum Beruf machen könnte? Professionelles Gaming ist eine weltweit explodierende Leistungssportart. Immer mehr Jugendliche träumen davon, ebenfalls aus einer Kombination von YouTube, twitch aber auch von Gaming-Turnieren leben zu können. Besonders in den obersten Ligen sind Hauptpreise von mehreren hunderttausend Euro nicht unüblich. Spielerinnen und Spieler finden sich meistens in Gruppen, sogenannten Clans zusammen und treten gegen andere Teams aus aller Welt an. Wer einen bestimmten Rang und eine bestimmte Punktezahl erreicht, kann anschließende Qualifikationsturniere spielen, die besten Teams der Welt reisen anschließend zur gemeinsamen Weltmeisterschaft. Bei großen Turnieren können durchaus einige zehntausend Leute vor Ort zuschauen und mehrere Millionen Menschen das Match im Internet betrachten. All das wird durch Moderatoren live kommentiert und analysiert, einige der größten Firmen der Welt, wie beispielsweise Intel, sind Hauptsponsoren. Aber auch der österreichische Netzbetreiber A1 finanziert ein eigenes Gaming-Team.

Im Fachjargon nennt sich diese Art zu spielen eSports, als Abkürzung für Electronic Sports. eSports meint damit das kompetitive Spielen, also Bildschirmspiele als Wettbewerb. In Österreich sind Teams und Spielerinnen und Spieler professionell organisiert in Form der ESVÖ, der eSports Vereinigung Österreich. In Deutschland übernimmt diese Rolle der ESBD – eSport Bund Deutschland, europaweit ist die Organisation EFF tätig. Die Organisationen registrieren Spielerinnen und Spieler, veranstalten und begleiten Turniere und überwachen beispielsweise auch die Einhaltung eines Mindestalters für bestimmte Bildschirmspiele. Somit können 14-Jährige nicht Spiele professionell spielen, die erst ab einem Alter von 18 Jahren zugelassen sind. Dennoch arbeiten viele Teams und kleinere Organisationen unabhängig von den Dachverbänden. ESports-Spieler sind eine vergleichsweise junge Berufsgruppe und damit teilweise noch dabei, entsprechende Strukturen aufzubauen. Immer wieder kommt es zu Abspaltungen beziehungsweise Kritik an den (selbsternannten) Dachverbänden sowie der Gestaltung von Turnieren. Für Externe ist es hiermit sehr schwer, einen genauen Einblick zu bekommen.

In der Szene selbst und bei den Jugendlichen werden manche Spielerinnen und Spieler gefeiert wie Stars, vergleichbar mit dem internationalen Profifußball. Bei Turnieren gibt es die Möglichkeit, sie persönlich zu treffen und sich Autogramme zu holen, und manche Spielerinnen und Spieler verkaufen im Anschluss an ein Turnier ihre Ausrüstung, wie beispielsweise die Computermaus oder die benutzte Tastatur. Weltweit ist hier eine vollkommen neue Berufsgruppe im Entstehen.

Eine spannende Diskussion ist immer wieder, ob Bildschirmspiele eigentlich Sport sind. Immerhin geben sich diese Turniere den Titel eSports, nehmen also den Sportbegriff in ihren Namen mit auf. Was definiert also Sport? Ist das Teamwork, Problemlösung, Kooperation, Wettkampf und Geschicklichkeit? Dann würden eSports auf der Stelle alle diese Kriterien erfüllen. Oder doch der Einsatz des Körpers? Dann wäre Schach kein Sport mehr – dennoch wird es weltweit beruflich gespielt und als Denksport bezeichnet. Auch wäre es ohne Einsatz des Körpers nicht möglich, eSports zu betreiben. Vor allem Auge-Hand-Koordination ist immens wichtig und auch Reflexe müssen geschult sein. Besonders im eSport zeigt sich für mich ein Generationenkonflikt. In den Anfängen des Profifußballs waren wohl auch zahlreiche Eltern besorgt, dass die Kinder nicht mehr im Familienbetrieb mitarbeiten wollten, sondern stattdessen ein vermeintliches Spiel zum Beruf machen wollten. Heutzutage ist Fußballerin oder Fußballer als Berufswunsch weithin akzeptiert, wenn auch schwer zu erreichen. Wenn Lisa Profifußballerin werden möchte, werden ihr ihre Eltern höchstwahrscheinlich die Fußballschuhe kaufen und sie in einem Verein anmelden und sie unterstützen. Möchte Lisa aber hauptberuflich eSports spielen, sind viele Eltern zutiefst besorgt und der Meinung, dass Lisa sich ein ordentliches Hobby in der wirklichen

Welt suchen und überhaupt darauf achten sollte, mehr rauszukommen. Ist also ein Wunsch Profisportlerin zu werden besser als der andere? Die Chancen für Lisa stehen wahrscheinlich bei den eSports besser als im Fußball. Das Feld wächst extrem, Frauen sind sehr stark in der Unterzahl, und sie kann problemlos günstig und schnell von zuhause aus trainieren. Ihre Teamkolleginnen können am anderen Ende der Welt sein, in einer sehr ländlichen Gegend oder in einer Großstadt. Für diese Art von Sport macht der Wohnort keinen Unterschied. Nebenverdienste mit Streaming, Partnerschaften mit Firmen und anderen Sponsoren sind eine zusätzliche Möglichkeit, um Geld zu verdienen. Schon jetzt gibt es Sommercamps für Jugendliche, die professionelle Gamer werden möchte. Im Sommercamp wird Teamwork und Taktik gelernt, Koordination und Reflexe werden geschult und natürlich auch Turniere gespielt. Auch hier eröffnet sich ein vollkommen neuer Markt.

Profiteams funktionieren international ähnlich wie in anderen Sportarten. Es gibt ein Team rund um die eigentlichen Spielerinnen und Spieler. Zuständigkeiten für Equipment und Vorbereitungen sind genau geklärt, und alle Teams haben einen Teamleader, der die Mannschaft anführt und die Taktik vorgibt. Für viele Jugendliche ist es spannend zu hören, dass Profispielerinnen und Profispieler täglich mehrere Stunden trainieren. Spielen ist damit schon lange kein Hobby mehr und muss mit sehr viel Ehrgeiz betrieben werden. Mentales und körperliches Training sind ebenso Teil der Routine wie Besprechungen, Planungen und Vorbereitungen für die nächste berufliche Reise zu einem Turnier. Ähnlich wie der Profifußball immer wieder romantisch wirken kann, fast als würde dieser nur aus spannenden Turnieren mit zehntausenden Zuschauern bestehen, kann Ähnliches auch bei eSports passieren. In Wirklichkeit ist professionelles Gaming ein knallharter Wettbewerb und erfordert tausende Stunden Arbeit und Vorbereitung. Der Einstieg jedoch ist jederzeit vom eigenen Schreibtisch aus möglich.

Folgende Fragen können helfen, mit Kindern zu diesem Thema ins Gespräch zu kommen und ihre Berufswünsche ein bisschen zu hinterfragen:

- In welchem Spiel möchtest du Profispieler werden?
- Kennst du andere Profispieler persönlich? Kannst du sie nach ihrem Werdegang fragen? Oder alternativ: Wie ist dieser Spieler denn eigentlich zu einem Profispieler geworden?
- Wie verdienen Profispieler denn Geld?
- Wie kommt man eigentlich in diese Turniere hinein? Kann da jeder mitspielen?
- Was bräuchtest du, um besser zu werden?

Der Wunsch, Berufsspieler zu werden, ist verständlich. Vor zwanzig Jahren war es der Traum vieler Jugendlicher, professioneller Spieletester zu werden. Damals gab es Turniere in der heutigen Größenordnung noch nicht, aber Spieletester durften alle Spiele vorab spielen und anschließend darüber schreiben. Das Spielen, das größte Hobby, könnte somit zum Beruf werden. Der Wunsch, einen solchen Beruf zu haben, ist verständlich. Die Realität ist, dass das Feld zunehmend heiß umkämpft ist und sich sehr dynamisch weiterentwickelt. Dennoch ist es nicht unvorstellbar, Spiele auf einem Level zu beherrschen, das die Teilnahme an Turnieren ermöglicht. Wichtig ist, dass Jugendliche lernen, diese Wünsche zu hinterfragen und auf ein solides Fundament zu stellen. Wie jede Entscheidung für einen Beruf sollten sie auch hier die Vor- und Nachteile kennen. Für manche könnte, beruflich eSports zu betreiben, durchaus ein Zweitberuf oder eine weitere Einnahmequelle sein. Als solches Hobby, das vielleicht auch noch Geld bringt, kann es durchaus für Eltern überlegenswert sein, Unterstützung anzubieten. Wichtig ist wie immer, dass die Jugendlichen auch noch gute andere Alternativen in ihrer Freizeitgestaltung haben. Und dennoch: Würde Thomas zum Fußballverein gehen und drei Mal pro Woche trainieren und am Wochenende ein Turnier spielen, würden wir nicht behaupten, dass er fußballsüchtig ist. Wie so oft zeigt sich hier ein Generationenkonflikt. Auch Bildschirmspiele sind ein vernünftiges Hobby, wenn sie vernünftig betrieben werden. Und manchmal kann aus einem Hobby auch ein Beruf werden.

WAS IST HEUTE NOCH WAHR?

Befragungen von Jugendlichen durch den Verein Safer Internet haben gezeigt, dass YouTube mit Abstand die Hauptinformationsquelle ist. Viele Jugendliche holen sich aber auch Informationen über Onlinezeitungen, Blogs oder Microblogging-Plattformen wie Twitter, Tumblr oder Pinterest. Auf die einzelnen Anbieter einzugehen, ist durch die Vielzahl beinahe unmöglich.

Kinder, Jugendliche und auch wir müssen Informationskompetenz in Zeiten der Digitalisierung grundlegend neu lernen. Das Internet selbst ist zum wichtigsten Informationsdienst der Welt geworden. Die klassischen Printzeitungen verlieren an Reichweite beziehungsweise werden primär in ihrer Onlinevariante bezogen. Informationen sind um ein Vielfaches schnelllebiger geworden und können interaktiv von jeder Person online gestellt werden. Dies macht es für uns als Konsumentinnen und

Konsumenten notwendig, Informationen oder auch Pseudoinformationen auf ihren Wahrheitsgehalt hin zu bewerten. Diese Kompetenz, die wir von Jugendlichen immer wieder erwarten, ist auch bei vielen Erwachsenen nicht immer vorhanden. Wie auch? – In der Schule wurde Informationskompetenz nicht in dieser Form unterrichtet und die aktuelle Informationsflut erweckt den Anschein von Seriosität und Stichhaltigkeit. Es entsteht der Eindruck, weil viele Personen etwas teilen oder online besprechen, muss es wahr sein.

An einem einfachen Beispiel aus der Welt der Jugendlichen wird das damit verbundene Problem schnell deutlich: Auf YouTube finden sich zahlreiche Videos zur richtigen Verwendung eines Kondoms. Manche dieser Videos sind inhaltlich sehr gut gemacht, einfach und richtig erklärt und transportieren das Thema dennoch mit Humor und Feinfühligkeit. Andere Videos sind inhaltlich falsch und voller Fehler. Beide Arten von Videos können mit nur einem Suchvorgang gefunden werden. Es liegt jetzt also an den Jugendlichen, zu bewerten, welches Video wahr und welches falsch ist, welches die richtigen Informationen liefert. Das Gleiche erleben wir bei Zeitungsartikeln, (rechtsextremen) Fake-News-Plattformen und vielem mehr. Immer wieder sind wir gefordert, zu bewerten und zu entscheiden.

Informationskompetenz ist lernbar, wie andere Fertigkeiten auch. Auch wenn das Erlernen dieser Kompetenz ein lebenslanger Prozess ist, können wir schon mit einigen einfachen Schritten unsere eigene Informationskompetenz steigern und Kindern und Jugendlichen dabei helfen, ihre weiterzuentwickeln.

Bei jeder gefundenen Information können wir uns grundsätzlich fragen: Warum wurde diese Information (der Zeitungsartikel, das Video, …) online gestellt? Welche Motive hat die Betreiberin oder der Betreiber der Website? Wird mit dieser

Information Geld verdient? Diese drei Fragen geben eine erste Orientierung. YouTuberinnen und YouTuber stellen Videos online, um damit Geld zu verdienen. Ihr Hauptzweck ist nicht objektive Berichterstattung, sondern Unterhaltung. Wenn wir uns diese Fragen bei einzelnen Websites stellen, können wir herausfinden, warum diese betrieben werden und welche Färbung Information dadurch bekommt. Oft reicht es schon, den Namen einer Website auf der Suchmaschine ihrer Wahl einzugeben und beim – zugegebenermaßen nicht immer wissenschaftlichen – Wikipedia-Eintrag nachzulesen, was es mit einer bestimmten Seite auf sich hat.

Ein nächster Schritt ist immer – vor allem bei empfindlichen Informationen – das Bestätigen durch eine zweite Quelle. Nur weil eine Website oder ein Internetstar etwas behauptet, heißt das nicht, dass es wahr ist. Mit einer schnellen Suche lässt sich meistens herausfinden, ob es eine zweite oder sogar dritte Quelle gibt, die ähnliche oder gleiche Informationen hat. Auch das bringt uns wieder einen Schritt weiter Richtung Orientierung.

Keine Information ist grundlos online gestellt worden. Wenn die Ursache für die Veröffentlichung klar wird, können wir besser verstehen, was damit bezweckt werden soll. Einige große Blogs suchen auch bewusst nach Fake-News und sammeln diese, um die immer wieder herumgeisternden Warnmeldungen zu entkräften. Vor allem bei Kettenbriefen auf WhatsApp oder Facebook bieten sich diese Plattformen an. www.mimikama.at ist eine der bekanntesten und größten Plattformen in diesem Bereich. Dort werden auch vermeintliche Gewinnspiele geprüft und anschließend berichtet, ob diese echt oder unecht sind.

Zunehmend wird es technisch auch möglich, Videos zu fälschen, sogenannte Deep Fakes zu erstellen. Auch wenn es zum aktuellen Zeitpunkt noch zu früh ist, um detailliert auf dieses

Thema einzugehen, wird es die Gesellschaft wohl in den nächsten Jahren zunehmend beschäftigen. Mit Deep Fakes ist es möglich, computergestützt Videos von Personen künstlich zu erstellen, die von echten Videos beinahe nicht zu unterscheiden sind. Dieses Phänomen ist noch nicht im Massenmarkt angekommen, da der Aufwand noch zu groß ist.

Für Kinder und Jugendliche bedeutet Informationskompetenz, dass sie lernen müssen, Informationen zu finden, zu bewerten und zu nutzen. Das Internet hat das Finden von Informationen sehr stark erleichtert, die Bewertung jedoch verkompliziert. Die folgenden Fragen können bei gemeinsamen Gesprächen helfen, um Kinder und Jugendliche zu einem Reflexionsprozess bezüglich der von ihnen gefundenen Informationen zu bewegen:

- Wo hast du diese Information her?
- Warum hat diese Person die Information online gestellt?
- Gibt es noch jemanden, der das behauptet?
- Wie findest du die Information? Ist sie gut aufbereitet? Ist sie für dich verständlich?
- Was wäre denn, wenn diese Information falsch wäre? Was würde das für dich und für möglicherweise andere Betroffene bedeuten?

In einer Zeit, in der jede Information scheinbar immer nur einen Mausklick weit weg ist, ist die Qualität unserer Fragen um ein Vielfaches wichtiger geworden. Wir müssen lernen, gute Fragen zu stellen. Die freie Verfügbarkeit des Internets ermöglicht es, dass wir uns über Handyreparaturen, Displaytausch, Autoreifenwechsel, Sportfischen und Bypassoperationen ohne großen Aufwand online informieren. Wir finden Websites und Videos auf YouTube, umfangreiche Anleitungen und Erklärungen. Es liegt jetzt viel mehr an uns, diese Informationen zu bewerten und entsprechend zu nutzen, dies unseren Kindern auch vorzuleben und sie beim Suchen von Informationen zu unterstützen. Sie können sich das alles ruhig zutrauen. Wenn Sie etwas nicht wissen, gerade in Bezug auf das Internet, ist das der perfekte Moment, um mit dem Kind gemeinsam auf die Suche zu gehen. Ihre Aufgabe ist es, kritische Fragen zu stellen, die Informationen gemeinsam zu nutzen und dem Kind damit Informationskompetenz vorzuleben. Auch ein Teil davon ist es, die eigenen Fehler in dieser Hinsicht zuzugeben. Wer von uns hat denn noch nie einen WhatsApp-Kettenbrief weitergeschickt oder sich gefürchtet, dass Facebook doch noch kostenpflichtig wird? Auch das sind Situationen, in denen wir nicht nur vielleicht ein bisschen über uns selbst lachen, sondern unseren Kindern zeigen können, dass auch wir nicht unfehlbar sind und manchmal auf Fake-News hereinfallen. Wenn wir jede Information kritisch hinterfragen, wird es uns – auch als Gesellschaft – zunehmend gut gelingen, mit der neuen Welt der Informationen umzugehen und unsere Kinder dahingehend gut zu begleiten.

Grenzen in der digitalen Welt

In den beiden vorangegangenen Abschnitten haben wir gelernt, die digitale Welt der Kinder und Jugendlichen besser zu begreifen und sie dort liebevoll und neugierig zu begleiten. In diesem Abschnitt wird es um einen anderen Blickwinkel gehen. Jedes Verhalten braucht auch immer eine Grenze, die nicht überschritten werden sollte. Das heißt nicht, dass es niemals zu einer Überschreitung kommen wird, sondern dass eine entsprechende Grenze klar zu kommunizieren und zu vereinbaren ist. Nur wenn Kinder und Jugendliche wissen, wo Grenzen sind, können sie diese auch entsprechend achten. Und nur wenn sie Verständnis für eine Grenzüberschreitung bekommen sowie die Gelegenheit, einen Fehler wiedergutzumachen, werden sie zunehmend aus den Fehlern lernen.

Grenzen gibt es meistens dort, wo ein Verhalten für eine Person selbst oder für andere Personen gefährlich wird. In digitalen Welten ist es nicht immer leicht, Grenzen aufzuzeigen oder zu vereinbaren, da Verhalten sich sehr schnell ändern kann und Dienste und Apps austauschbar sind. Wenn es um Smartphone und Tablet geht, sind die Grenzen eher als grundlegende Spielregeln zu betrachten, die Konsum und Nutzung begrenzen.

Wir können Kindern verbieten, Snapchat zu nutzen. Morgen wird Snapchat aber vielleicht schon von einem anderen Dienst abgelöst. Dann müssen wir erneut überlegen und recherchieren und eine neue Grenze aufstellen. Empfehlenswerter und praktikabler ist es meistens, Grundregeln zu vereinbaren, die immer gelten, egal welcher Dienst genutzt wird. Eine Grundregel könnte sein, dass Kinder immer fragen müssen, bevor sie eine App installieren. Die Grenze ist also dort, wo Kinder unbeaufsichtigt und ohne Erlaubnis eine App installieren. Eine solche Regel ist bei jüngeren Kindern durchaus sinnvoll, bei Jugendlichen, die vielleicht schon 13 oder 14 Jahre alt sind, aber nicht mehr. Die vereinbarten Regeln und Grenzen können also nie absolut sein, sondern müssen immer an eine Familie und an die jeweilige Person angepasst sein.

Was waren in Ihrer Kindheit und Jugend Regeln und Grenzen? Wie wurden diese vereinbart und wie wurden eventuelle Verstöße sanktioniert?

Die folgenden Kapitel zeigen Möglichkeiten, wie in Familien Regeln und Grenzen abgemacht werden können (und was der Unterschied zwischen einer Regel und einer Grenze ist), Möglichkeiten zu Wiedergutmachungen bei Verstößen, Empfehlungen für Altersgrenzen und oftmals verlangte Ideen zu Nutzungszeiten. Die rechtlichen Rahmenbedingungen in Bezug auf einige Internetphänomene weisen zusätzlich auf die juristischen Grenzen hin.

REGELN UND GRENZEN

Auch wenn »Regel« und »Grenze« sich im ersten Moment ähnlich anhören, gibt es hier für mich doch zentrale Unterschiede. Eine Regel ist meist flexibler als eine Grenze und entsteht viel eher in Absprache der Familienmitglieder untereinander. Eine Regel könnte also sein, dass beim Abendessen niemand in der Familie das Smartphone nutzt. Von der Regel könnte es eine Ausnahme geben, zum Beispiel für Notfälle. Wir leben in einer Welt voller Regeln, von denen die meisten sehr sinnvoll sind. Dennoch ist eine wichtige Lektion im Leben auch, dass es gute Gründe geben kann, um eine Regel zu brechen. In vielerlei Hinsicht wollen wir vielleicht sogar, dass Kinder Regeln brechen. Wichtig ist, dass sie wissen, wann das möglich und vernünftig ist, und wann nicht.

Wenn wir in der Familie eine Regel haben, dass nach 22 Uhr das Smartphone nicht mehr benutzt werden darf, der 14-jährige Sohn sich aber um 22:30 Uhr zum Handy schleicht, um mit einem Freund zu schreiben, dem es nicht gut geht, ist das ein Regelverstoß. Der Jugendliche hat aber aus einem für ihn guten und nachvollziehbaren Grund gegen die Regel verstoßen. Oft sind die Gründe für Regelverstöße viel interessanter als der Verstoß selbst. Aus solchen Situationen können sich spannende Gespräche ergeben, warum der Verstoß passiert ist und was getan werden kann, damit so etwas nicht mehr passiert oder notwendig ist.

Gegen welche Regeln haben Sie früher in Ihrer Familie verstoßen? Und was war Ihr guter Grund? Und falls Sie sehr regeltreu waren, gegen welche Regel hätten Sie denn gerne verstoßen?

Regeln sind damit mehr als Empfehlungen, aber weniger als Grenzen. Wie im Kapitel zum ersten eigenen Smartphone angeführt, empfiehlt es sich mit Einstieg in die digitale Welt, entsprechende Regeln mit den Kindern zu besprechen, zu entwickeln und anschließend auch gemeinsam zu beschließen. Wenn Regeln klar und transparent sind, fällt es weitaus leichter, sich an sie zu halten.

Regeln sind auch immer verhandelbar. Die Regel, dass das Smartphone maximal eine Stunde am Tag genutzt werden darf, macht bei einem 10-jährigen Kind Sinn. Ist das Kind bereits eine Jugendliche oder ein Jugendlicher und schon 15 Jahre alt, wird diese Regel nicht mehr passend sein. Hier lohnt es sich, von Anfang an klar zu machen, dass Sie als Eltern offen für das Gespräch sind. Wenn Kinder oder Jugendliche eine Regel unpassend oder zu streng finden, können sie die entsprechende Regel mit guten Argumenten in Frage stellen und damit vielleicht sogar eine Änderung bewirken. Ihre Aufgabe als Eltern ist es dabei, für die Argumente der Kinder und Jugendlichen offen zu bleiben und sich auf ein Gespräch auf Augenhöhe einzulassen.

Grenzen unterscheiden sich von Regeln dadurch, dass sie stärker dem Schutz der eigenen Person oder anderen dienen. Eine Grenze kann sein, dass online niemand gemobbt oder beleidigt werden darf. Grenzen sind in dieser Form nicht verhandelbar, sondern bilden das Grundgerüst, in dem wir uns bewegen. Es gibt keine guten Argumente für Online-Mobbing.

Meist haben Grenzverstöße auch schwerere Konsequenzen als Regelverstöße. Grenzen werden auch seltener in Familien ausgehandelt, sondern meist gesellschaftlich vorgegeben und müssen den Kindern und Jugendlichen ebenfalls deutlich gemacht werden. Bei Grenzen gibt es eine klare rote Linie, die viel prägnanter als bei Regeln ist. Eine Regel könnte sein, dass pro Tag eine Stunde am Computer gespielt werden darf. Wenn ein Kind dann fünf Minuten länger spielt, ist das vielleicht nicht wirklich ein Regelverstoß. Eine Grenze aber könnte sein, dass in dieser Familie keine Gewaltspiele gespielt werden. Dann wären sogar schon fünf Minuten eines solchen Spieles eine Grenzverletzung.

Die folgenden Fragen können dazu dienen, gemeinsam mit den Kindern und Jugendlichen über Regeln in ein Gespräch zu kommen und Regeln zu vereinbaren. Diese Fragen beziehen sich auf Themenbereiche, zu denen oft zahlreiche Fragen bestehen, haben jedoch keinen Anspruch auf Vollständigkeit:

- *Nutzungszeiten* Wie lange sollen Smartphone, Tablet, PC oder andere digitale Medien genutzt werden? Manchmal wird hier eine Tagesregel vereinbart oder Wochennutzungszeiten. Manchmal gibt es eigene Regeln für die Ferienzeit oder das Wochenende. Hören Sie sich gut die Vorstellungen Ihrer Kinder an und hinterfragen Sie diese.
- *App-Nutzung* Welche Apps sollen ohne Erlaubnis der Eltern installiert werden dürfen? Sind das vielleicht alle Apps? Sind das alle Apps abgesehen von Spielen? Oder sind Spiele erlaubt, solange die Altersfreigabe stimmt, aber Social Media Apps wie WhatsApp und Snapchat nur mit Erlaubnis der Eltern herunterzuladen? Am häufigsten wird zwischen Spiele-Apps und Social

Media Apps unterschieden. Die wenigsten Jugendlichen installieren darüberhinausgehend noch zusätzliche Apps auf ihren Geräten.

- *Persönliche Daten* Wie im Kapitel »Was ist heute noch privat?« ausgeführt, hat sich der Begriff der persönlichen Daten gewandelt. Es braucht eine gemeinsame Regel, welche Daten geteilt werden dürfen und welche nicht. Sind das der Name, die Adresse, die Telefonnummer? Keine Fotos an unbekannte Personen zu versenden, ist beispielsweise eine häufig genutzte Regel.

Wenn in diesen drei großen Bereichen einige gemeinsame Regeln in der Familie erarbeitet werden, bietet dies bereits eine gute Grundlage für eine sichere und trotzdem freie Mediennutzung der Kinder und Jugendlichen.

Um Grenzen in der digitalen Welt deutlich zu machen, empfiehlt es sich, gemeinsam über die folgenden Dinge zu sprechen. Auch hier ist es gut, die Kinder zu fragen, wie sie ein solches Verhalten finden und ob die Grenze für sie verständlich ist:

- *Beleidigungen und Beschimpfungen* So wie in der »analogen Welt« darf auch online niemand beleidigt oder beschimpft werden. Wenn mir das passiert, weiß ich, wohin ich mich wenden kann und mit wem ich reden kann, egal ob das Freundinnen, Freunde oder die Eltern sind.
- *Datenweitergabe oder Veröffentlichung ohne Erlaubnis* Ohne Erlaubnis einer Person gebe ich keine Daten wie Telefonnummer und Ähnliches weiter. Ohne Erlaubnis werden auch keine Bilder versandt oder auf eine Plattform gestellt.

- *Akute Gefahr* Wenn eine akute Gefahr für mich oder andere besteht, rede ich mit einer Person meines Vertrauens darüber. Es ist ratsam, schon vorher gemeinsam mit dem Kind zu überlegen, wer solche Personen sein können.

Selbstverständlich müssen auch diese Grenzen noch ergänzt und erweitert werden und können niemals eine abgeschlossene Liste ergeben.

DER MEDIENVERTRAG

Auf Basis der vereinbarten Regeln und der besprochenen Grenzen kann ein Medienvertrag mit den Kindern und Jugendlichen aufgesetzt werden. Dieser Vertrag könnte aus vier Teilen bestehen, wobei der erste Teil oft der wichtigste ist. Im ersten Teil können Sie darauf eingehen, dass ein eigenes Smartphone, ein Laptop oder ein Tablet der Schlüssel zu einer digitalen Welt ist und Ihrem Kind jede Menge neue Erfahrungen ermöglicht. Unsere Aufgabe als Eltern ist es, die Kinder liebevoll auf ein selbstständiges Leben vorzubereiten und zunehmend in die Selbstständigkeit zu entlassen. In diesem ersten Teil können Sie auf genau diesen Wunsch eingehen und vielleicht auch ein paar Zeilen darüber schreiben, dass Fehler passieren dürfen und all die digitalen Möglichkeiten auch für Eltern überfordernd sein können. Der folgende Beispieltext könnte hier als Orientierung dienen, sollte aber auf jeden Fall noch verändert, angepasst und erweitert werden:

Liebe Lisa,
wir möchten dir gerne zu deinem 10. Geburtstag ein erstes eigenes Smartphone schenken. Du weißt, dass wir möchten, dass du viele Abenteuer erlebst und eigene Erfahrungen machst. Dein eigenes Handy wird für dich der Schlüssel zu einer neuen Welt sein, in der ganz viele solcher neuen Erfahrungen möglich sind. Manches werden wir vielleicht nicht verstehen oder komisch finden, manchmal wird es vielleicht so sein, dass du uns gar nicht erklären kannst, was an einer App so besonders ist. Hin und wieder werden wir uns Sorgen machen um dich, gelegentlich sogar zu viele.

Du weißt, dass du, egal was passiert, immer zu uns kommen kannst und wir dir helfen und dich unterstützen. Wir versprechen dir, dass wir zuerst zuhören und versuchen, dich zu verstehen, und nicht sofort böse werden, falls mal etwas schiefläuft. Uns werden sicher manchmal Fehler passieren und dir vielleicht auch. Aber gemeinsam können wir diese wiedergutmachen und dabei sicher auch noch viel voneinander lernen. Für dich beginnt mit diesem Gerät ein großer Schritt in die Selbstständigkeit. Wir können und wollen dich nicht kontrollieren und vertrauen darauf, dass du dieses Gerät gut nützen wirst.

Die folgenden Regeln sind uns als Eltern sehr wichtig, diese möchten wir mit dir besprechen und vereinbaren: (…)

Mit dieser Nachricht bereiten Sie den Boden für die zukünftige Nutzung des Geräts. Diese Botschaft ist oft weitaus wichtiger als jede Regel und Grenze. Im nächsten Teil können Sie dann die entsprechenden Regeln gemeinsam besprechen sowie Grenzen anführen. Wie in jedem guten Vertrag soll es natürlich auch Rechte für die Kinder geben. Ein Recht könnte beispielsweise sein, dass jede Regel mit guten Argumenten hinterfragt werden darf. Ein weiteres Recht könnte sein, dass Nachrichten nicht von Ihnen als Eltern ohne Erlaubnis des Kindes gelesen werden.

Ein Medienvertrag kann ein gemeinsamer Prozess zwischen Eltern und Kindern sein. Damit wird er zu einer Vereinbarung, an der Ihr Kind mitwirken darf und wo es merkt, dass es gestalten kann und gehört wird. Fragen Sie Ihr Kind, welche Rechte es sich wünscht. Sollte es keine Antwort finden, können Sie es unterstützen. Folgende Rechte wünschen sich Kinder und Jugendliche häufig:

- *Recht auf Privatsphäre* Ohne meine Erlaubnis darf niemand meine Nachrichten lesen oder Bilder auf meinem Handy ansehen.
- *Klare Nutzungszeiten* Ich habe das Recht, das Handy innerhalb der vereinbarten Zeiten auch wirklich nutzen zu dürfen und nicht willkürlich entzogen zu bekommen.
- *Neues ausprobieren* Ich habe das Recht darauf, neue Apps nach Absprache herunterzuladen oder einmal ein neues Spiel zu testen.

Ein letzter Teil im Vertrag könnten die Konsequenzen sein, wenn es zu Regel- oder Grenzverstößen kommt. Im anschließenden Kapitel »Wiedergutmachung« finden Sie Denkanstöße, wie solche Konsequenzen ausschauen können, jenseits der beliebten Methode des Handyentzugs.

Exkurs: Macht

Sie haben als Eltern immer mehr Macht als Ihr Kind. Damit ist es auch Ihre Aufgabe, mit dieser Macht entsprechend achtsam umzugehen. Letzten Endes sitzen Sie, was zum Beispiel ein Smartphone betrifft, beinahe immer am längeren Ast. Als Eltern können Sie ein Smartphone einfach wegnehmen, Sie können eine SIM-Karte sperren lassen oder das Internet im Haus abdrehen. Tatsächlich gibt es Situationen, in denen solche Maßnahmen angemessen sind. Ich rate jedoch immer sehr zur Vorsicht: Einerseits kann aus diesen Situationen ein Machtkampf mit dem Kind werden (und Kinder haben einen sehr langen Atem), andererseits leben Sie Ihrem Kind damit auch vor, wie mit Macht umzugehen ist.

Machtkämpfe mit Kindern werden schnell für alle Beteiligten wahnsinnig anstrengend und sind gleichzeitig nicht zielführend. Sie nehmen das Smartphone weg, das Kind weigert sich, im Haushalt mitzuhelfen, bis es das Smartphone wiederbekommt. Sie sagen dann, dass das Smartphone erst wieder zurückgegeben wird, wenn es im Haushalt mehr mithilft. Schon entsteht daraus ein Teufelskreis, der schwer zu durchbrechen ist. Einmal tief durchatmen, dann lassen sich abseits von Machtdemonstrationen oft andere Konsequenzen finden.

Ihr Kind wird Ihren Stil, wie mit Macht umzugehen ist, mit Sicherheit in Zukunft kopieren. Das zeigt, warum Ihre Vorbildfunktion in diesen Situationen von großer Bedeutung ist. Eines Tages hat Ihr Kind als Jugendliche oder Jugendlicher vielleicht Macht über jüngere Kinder und sehr viel später dann vielleicht auch über die eigenen Kinder.

> Erziehung und Begleitung von Kindern funktioniert auch ohne Machtbeweise. Bei Macht geht das Miteinander auf Augenhöhe verloren. Wenn Eltern ihren Kindern sagen, dass das Smartphone wegkommt, »weil ich es eben sage und weil ich der Vater bin«, dann ist das ein klassisches Beispiel für eine Machtdemonstration. Macht erzeugt meistens Abwehr und Sturheit, oft führt sie auch zu Unverständnis, weil der Grund für eine Sanktion nicht klar ausgedrückt wurde. All diese Faktoren sprechen dafür, dass die Wiedergutmachung ein weitaus besseres Mittel ist als das Ausnutzen von Macht zur Strafe.

Der Medienvertrag hat somit vier Teile: (1) Einleitung, (2) Regeln und Grenzen, (3) Rechte und (4) Konsequenzen. Abschließend kann dieser Vertrag von allen Beteiligten unterschrieben und gut sichtbar aufgehängt werden. Manche Familien machen diesen Vertrag sehr umfangreich und bestimmen eigene Regeln für WhatsApp, Instagram und andere Dienste, andere Familien wiederum vereinbaren vier Regeln und drei Grenzen und belassen es dabei. Gut ist auch, ein gemeinsames Überarbeitungsdatum zu vereinbaren, beispielsweise einen halbjährlichen Termin, bei dem der Vertrag überprüft und besprochen wird. Damit wird er nie auf unbestimmte Zeit abgeschlossen, sondern erneut angesehen und erweitert oder verändert.

Ein Medienvertrag gibt Eltern und Kindern Orientierung und Halt und macht die wichtigsten Spielregeln für alle sichtbar. Der Prozess des Erstellens und Besprechens ist ein zentraler Teil und manchmal fast wichtiger als der Vertrag selbst. Kinder sehen hier, dass sie ernst genommen werden, mitsprechen dürfen und sowohl Pflichten als auch Rechte haben.

WIEDERGUTMACHUNG

Hin und wieder wird dann doch etwas passieren. Manchmal nur eine Kleinigkeit, manchmal vielleicht auch etwas Größeres. Wie schon im vorangegangenen Kapitel beschrieben, ist es bei Regelverstößen oder Grenzverletzungen wichtig, eine geeignete Antwort zu finden, jenseits einer Verbotspädagogik. Die Antwort hierzu lautet: Wiedergutmachung statt Strafe.

Strafen lassen eine Person spüren, dass sie etwas falsch gemacht hat. Eine Jugendliche oder ein Jugendlicher hat heimlich mit dem Computer gespielt; als Strafe wird ihr oder ihm der Laptop für zwei Wochen weggenommen. In dieser Situation sind Eltern oft automatisch die »Bösen«. Sie müssen die Strafe durchsetzen, den Laptop entziehen und ziehen damit auch oft den Ärger der oder des Jugendlichen auf sich. Diese oder dieser sieht ihr oder sein Fehlverhalten vielleicht gar nicht ein, da der Ärger über die Eltern alles überschattet. Am Ende ist die Situation für Eltern anstrengend und für die Jugendliche oder den Jugendlichen frustrierend. Niemandem ist dabei wirklich geholfen.

> *Welche Wiedergutmachungen haben Sie in Ihrem Leben schon geleistet? Wie haben sich diese im Vergleich zu Bestrafungen angefühlt?*

Im Gegensatz zur Bestrafung geht es bei der Wiedergutmachung darum, Kindern und Jugendlichen vor allem ihre Verantwortung deutlich zu machen. Die zentrale Aussage dabei ist: Du bist für dein Verhalten verantwortlich. Die wichtigste Frage: Wie kannst du das, was du getan hast, wiedergutmachen? Diese Wiedergutmachung gilt immer den betroffenen Personen. Wenn beispielsweise die Familienregel vereinbart war, dass nach 22 Uhr kein Smartphone mehr benutzt werden darf und die Tochter es dann doch macht, ist das ein Vertrauensbruch gegenüber den Eltern. Die Eltern haben ihrer Tochter vertraut und das Smartphone nicht weggesperrt, sondern sind davon ausgegangen, dass die Regel eingehalten wird. Es ist jetzt an der Tochter, sich eine entsprechende Wiedergutmachung zu überlegen. Ob das die Zubereitung eines Abendessens für die Eltern, ein Kuchen zur Entschuldigung, eine Autowäsche, Hilfe im Garten oder etwas ganz anderes ist, bleibt dann Vereinbarungssache. Wichtig hierbei ist es, das Kind in die Verantwortung zu nehmen.

Kinder und Jugendliche sollen selbst Lösungsvorschläge bringen, um die entstandene Verletzung wiedergutzumachen. Es braucht dann nicht Sie als Eltern, die von oben herab bestimmen, wie die Strafe auszusehen hat. Ihre Aufgabe ist es, das Fehlverhalten deutlich zu machen und sich eine entsprechende Wiedergutmachung zu wünschen. Die Methode der Wiedergutmachung hat einen sehr großen Vorteil: Sie erlaubt Ihnen, nicht mehr böse zu sein, und sie erlaubt den Kindern und Jugendlichen, selbst eine Lösung zu finden und ihr Verhalten damit wieder auszugleichen. Bei der Strafe entstehen oft so viel Wut und Widerstand, dass manchmal das ursprüngliche Thema sogar in Vergessenheit gerät und am Ende sich niemand mehr sicher ist, worum es eigentlich gegangen ist. Bei der Wiedergutmachung folgt auf ein Fehlverhalten ein Lösungsvorschlag. Die Kinder und Jugendlichen sind anschließend auch nicht mehr die »Täterinnen und Täter«; sie sind aus ihrer Rolle als Regelverstoßende entlassen. Sie haben ihr Fehlverhalten ausgeglichen und es kann gemeinsam wieder nach vorne gesehen werden. Ein Fehlverhalten findet damit auch den sehr wichtigen klaren Abschluss. Da auch Eltern Fehler machen, wäre es empfehlenswert, den Kindern und Jugendlichen hin und wieder Wiedergutmachungen anzubieten.

Folgende Sätze können als Einstieg in ein Gespräch mit Kindern und Jugendlichen nach einem Fehlverhalten dienen:

- Du weißt, dass wir etwas anderes ausgemacht haben. Dein Verhalten hat mein Vertrauen in dich verletzt. Wie könntest du das wiedergutmachen?
- Du hast diese Vereinbarung unterschrieben, so wie ich. Ich habe mich an meinen Teil gehalten, aber du dich nicht an deinen. Wie könntest du es schaffen, das wiedergutzumachen?
- Du hast hier ganz klar eine Grenze überschritten und eine Person sehr verletzt. Wie kannst du diese Verletzung bei der Person wiedergutmachen?

Wiedergutmachungen helfen, sowohl das Fehlverhalten anzuerkennen als auch nach vorne zu blicken. Sie fordern uns, aber auch Kinder und Jugendliche, in Kreativität und Problemlösungsdenken. Mit Wiedergutmachungen können wir auf eine wunderbare Art vorleben, wie Konflikte und Probleme jenseits von Machtverhältnissen und Strafen gelöst werden können. Kinder und Jugendliche lernen so, dass Fehler passieren dürfen und es auch immer die Möglichkeit gibt, diese Fehler wiedergutzumachen – man muss nur kreativ sein, es ernst meinen und sich Mühe geben.

TECHNISCHE SPERREN

Jedes Smartphone und jedes Tablet kann durch entsprechende Maßnahmen abgesichert werden. Diese Absicherungen oder Sperren verhindern beispielsweise das Herunterladen von Apps ohne Zustimmung der Eltern, sperren gewisse Apps abhängig vom Alter des Kindes, deaktivieren das Smartphone nach einer gewissen täglichen Nutzungszeit und vieles mehr. Diese Sperren machen besonders bei jüngeren Kindern Sinn.

Im Technikjargon heißen diese Systeme bei Smartphones und Tablets der Firma Apple »Familienfreigabe«. Sie können hier zum Beispiel die Kaufanfrage aktivieren. Ihr Kind kann dann keine Apps ohne Ihre Erlaubnis herunterladen. In der aktuellen Variante des Betriebssystems von Apple gibt es eine App mit dem Namen »Bildschirmzeit«. In dieser App können Sie tägliche Nutzungszeiten für bestimmte Apps festlegen, Webinhalte sperren und vieles mehr. Auf www.lukas-wagner.at/links finden Sie einen aktuellen Link zu genauen Anleitungen zur Einrichtung dieser Dienste.

Bei Android-Tablets oder -Smartphones nennt sich eine ähnliche Funktion »Google Family Link«. Sie können die gleichnamige App im Play Store herunterladen. Die App führt Sie dann detailliert durch die Installation und Einrichtung der entsprechenden technischen Sperren. Wie auch bei der App von Apple bietet das System von Google natürlich keinen vollständigen Schutz. Genaue Anleitungen zur Einrichtung sind mit einer schnellen Suche auf YouTube auffindbar.

Dies führt zu der wirklichen Herausforderung bei technischen Sperren: Diese sind hilfreich, wenn Kinder beispielsweise ein erstes eigenes Gerät bekommen, vielleicht in der Bedienung noch ein wenig unsicher sind oder auf unpassende Inhalte gestoßen sind und sich jetzt unsicher fühlen. Was diese Sperren nicht verhindern können, ist beispielsweise, dass Ihr Kind bei einer Google Suche auf ein Gewaltvideo stößt oder jemand mittels WhatsApp ein pornografisches Bild an Ihr Kind schickt. Hier geht es wieder, ganz jenseits von jeder technischen Sperre und jedem Filter, darum, dass schon vor der Benutzung des Smartphones durch das Kind eine entsprechende Vertrauensbasis zu schaffen ist. Wenn Ihr Kind den Mut hat, mit Ihnen zu sprechen und weiß, dass es keine Konsequenzen zu befürchten hat, kann es auch über unangenehme Erfahrungen sprechen, die trotz Filter und Sperren passieren.

Filter und technische Sperren sind immer auch ein wunderbares Lernfeld für Kinder und Jugendliche. Jede technische Sperre und jeder noch so kluge Filter lassen sich durch entsprechendes Know-how deaktivieren. Für viele Kinder und Jugendliche sind dies wichtige Lernerfahrungen. Je mehr sie sich durch den Filter eingeschränkt fühlen, desto mehr gehen sie auf die Suche, wie diese Beschränkung deaktiviert werden kann. Sie starten Recherchen auf YouTube und anderen Plattformen, fragen ihre Freundinnen und Freunde oder wollen mit ihren Eltern verhandeln. Nicht wenigen gelingt es, durch die entsprechenden Anleitungen im Internet die Filter auch zu deaktivieren. Tatsächlich ist das eine Form von Informationskompetenz, zu der wir den Kindern nur gratulieren können. Hier trainieren sie Problemlösungsfähigkeiten, die sie im Leben immer wieder brauchen werden. Sobald es Kindern oder Jugendlichen gelingt, einen Filter oder eine technische Sperre zu deaktivieren, können Sie sich die Mühe sparen, ein neues System einzurichten. Dies führt nur zu einem nicht mehr endenden Katz-und-Maus-Spiel. Akzeptieren Sie, dass die Zeit der technischen Sperren vorbei ist und es neue Methoden brauchen wird, um Ihr Kind in der digitalen Welt zu begleiten.

> *Haben Ihre Eltern Ihnen Sperren in irgendeiner Form eingerichtet? Wie haben Sie probiert, diese zu umgehen?*

Auch der beste Filter kann nicht verhindern, dass Kinder und Jugendliche unangemessene Inhalte bei ihren Freundinnen und Freunden sehen oder unerlaubte Videospiele am Smartphone einer anderen Person spielen. Wieder ist die Arbeit an der Vertrauensbasis und das Verdeutlichen Ihrer Haltung gefragt: »In unserer Familie werden solche Spiele nicht gespielt. Wir finden es nicht gut, wenn du sie woanders spielst, können und wollen es aber auch nicht verhindern. Unsere Unterstützung hat diese Form des Spielens nicht.«

Technische Sperren und Filter sind in dieser Hinsicht wie ein Zaun um einen Spielplatz. Dieser bietet von außen und von innen ein wenig Schutz. Er kann dennoch leicht überklettert werden, manchmal gibt es auch eine Türe, die die Kinder selbst bedienen können. Irgendwann sind auf jeden Fall alle Kinder zu alt für einen solchen Zaun. Er ist dann mehr ein Ärgernis als ein Hindernis. Die Zeit, in der der Zaun Schutz bietet, ist die Zeit, die wir nutzen müssen, um ins Gespräch zu kommen, aufzuklären und einen Rahmen zu schaffen, damit Kinder und Jugendliche sich auch nachher soweit wie möglich sicher inner- und außerhalb des Spielplatzes bewegen können.

WIE VIEL IST ZU VIEL?

Das Internet bietet Vergnügen ohne Ende. Vielleicht kennen wir das von uns selbst: Aus einer kurzen Suche auf unserer Lieblingssuchmaschine werden schnell einige Stunden auf YouTube und diversen Nachrichtenseiten, dann auf einem spannenden Blog und dann wieder auf YouTube. Am Ende weiß man manchmal gar nicht mehr, wieso man eigentlich den Computer angemacht hat. Oft sind wir schon bei unseren eigenen Nutzungszeiten recht ungenau. Studien haben gezeigt, dass wir uns bei der Selbsteinschätzung unserer täglichen Medienzeit oft sehr stark verschätzen – und zwar nach unten, also weniger Zeit angeben, als wir eigentlich mit Medien verbringen.

> *Wie lange sehen Sie täglich fern?*
> *Wie lange nutzen Sie am Tag Ihr Smartphone?*

Bevor auf konkrete Empfehlungen zu Nutzungszeiten für Kinder und Jugendliche eingegangen wird, noch ein Hinweis: Beim aktuellen Betriebssystem von Apple, also auf jedem iPhone oder iPad, finden Sie, wie vorhin schon angesprochen, eine Funktion mit dem Namen »Bildschirmzeit«. Diese erlaubt es Ihnen nicht nur, die Nutzungszeiten Ihrer Kinder zu limitieren, sondern zeigt Ihnen minutengenaue Werte für Ihre tägliche und wöchentliche Nutzung. Sie können auch herausfinden, welche Apps Sie benutzt haben. Sie können dort die erwähnten Limitierungen auch für sich selbst setzen, einen Graumodus aktivieren, um die Attraktivität des Geräts zu senken, und vieles mehr. Bevor wir also bei den Kindern und Jugendlichen beginnen, könnten wir zuerst einmal bei uns selbst nachschauen. Leider gibt es etwas Vergleichbares aktuell noch nicht standardmäßig installiert bei Android, erst die neuen Versionen des Android-Betriebssystem bringen eine solche App von Haus aus mit. Unter www.lukas-wagner.at/links im Bereich Nutzungszeiten finden Sie kostenlose Software, die ähnliche Funktionen anbietet.

Das Protokoll der Smartphone-Nutzung eignet sich wunderbar für ein Familiengespräch bei einem gemeinsamen Abendessen. Alle Personen mit Smartphone in der Familie nutzen die App einige Wochen lang, dann wird gemeinsam verglichen. Losgelöst von Kontrolle und mit einem echten Interesse führt das zu spannenden Einblicken. Sie werden erstaunt sein, wie oft Sie täglich auf Ihr Smartphone sehen und wie viel Zeit Sie wirklich mit diversen Apps verbringen.

Wie lange sollten Kinder und Jugendliche digitale Medien nutzen? Die folgenden Empfehlungen sind abgeleitet von Vorschlägen des Bundeszentrums für gesundheitliche Aufklärung in Deutschland, jedoch entsprechend erweitert und kommentiert worden. Zum aktuellen Zeitpunkt gibt es keine vergleichbaren Empfehlungen des österreichischen Bundesministeriums für Frauen, Familien und Jugend. Die Kinder und Jugendlichen werden in Altersgruppen eingeteilt. Zuerst finden Sie im Folgenden die Empfehlungen im Überblick, anschließend mit einem ausführlichen Kommentar:

- *0 – 4 Jahre* Keine Mediennutzung. Kein Smartphone, kein Tablet, kein Fernsehen. Hörspiele und Musik sind selbstverständlich in Ordnung.
- *4 – 6 Jahre* Maximal 30 Minuten pro Tag begleitete Mediennutzung. Keinerlei Mediennutzung alleine.
- *6 – 10 Jahre* Maximal 60 Minuten pro Tag begleitete Mediennutzung. Eventuell erste Mediennutzung alleine, aber unter »passiver Aufsicht«.
- *Ab 10 Jahren* Keine Pauschalempfehlungen mehr möglich.

Zur Schwierigkeit von Zeitempfehlungen ist zu sagen, dass uns diese schon alleine rechnerisch vor eine große Aufgabe stellen. Ein paar Beispiele:

- Die 7-jährige Lisa sollte maximal 60 Minuten pro Tag Medien nutzen. In der Volksschule schaut die Klasse gemeinsam einen Film. Wurden die 60 Minuten aufgebraucht?
- Der 8-jährige Maximilian sollte ebenfalls maximal 60 Minuten pro Tag Medien nutzen. In seiner Volksschulklasse wurden durch die Schule Tablets angekauft, die mittwochs im Unterricht benutzt werden. Sind seine 60 Minuten am Mittwoch dadurch aufgebraucht?
- Der 13-jährige Hakan geht in eine Laptopklasse. Am Vormittag sitzt er bereits vier Stunden vor dem Laptop. Zuhause muss er noch auf seinem Gerät Hausübung machen, anschließend will er YouTube-Videos schauen. Er kommt damit auf knapp acht Stunden Mediennutzung an einem Tag. Ist das zu viel?
- Die 12-jährige Fiona schaut gerne ihre Lieblingsserie im Fernsehen, gleichzeitig spielt sie dabei mit ihrem Tablet

und chattet mit ihrem Smartphone mit ihren Freundinnen. Sind eine Minute dann drei Minuten Mediennutzung, da drei Geräte gleichzeitig benutzt werden?

Jede pauschale Empfehlung stößt immer sehr schnell an ihre Grenzen. Der Klischeesatz »Es kommt darauf an« ist eben auch ein Klischeesatz, weil etwas Wahres daran ist. Bitte übernehmen Sie also nicht unreflektiert die Empfehlungen zu Nutzungszeiten. Es kommt immer auf die Familie und das Kind an, auf die Nutzungsweise und die aktuelle Situation.

Bei Kleinkindern (0 – 4 Jahre) ist die Empfehlung, keine Medien zu nutzen. Dies hat mehrere Gründe. Einerseits wurden im Rahmen der deutschen BLIKK-Studie im Jahr 2017 Zusammenhänge zwischen starker Mediennutzung und Ein- und Durchschlafstörungen sowie Fütterungsstörungen bei dieser Altersgruppe gefunden. Dies allein sollte schon ein guter Grund sein, Kinder in diesem Alter keine Medien nutzen zu lassen. Außerdem ist das Gehirn von kleinen Kindern noch nicht gut in der Lage, zwischen virtuellen und realen Inhalten zu unterscheiden. Gerade für kleine Kinder sind YouTube-Videos, auch wenn sie kinderfreundlich sind, oft genauso real wie das eigene Haustier oder das Lieblingsspielzeug. Für die kindliche Entwicklung ist es vor allem der direkte Bezug und Kontakt zu Menschen, der wichtig ist. Es mag manchmal wirken, als könnten kleine Kinder sich sehr gut mit Medien beruhigen. Dies täuscht aber, da Medien Kinder und Babys nur ablenken, jedoch nicht wirklich beruhigen. Ein weiteres Argument gegen Mediennutzung in diesem Alter ist auch, dass nach wie vor nicht umfangreich erforscht ist, was die frühe Mediennutzung mit kleinen Kindern genau macht, sowohl entwicklungspsychologisch als auch auf Ebene der Gehirnentwicklung. Auch deswegen ist klar zur Vorsicht zu raten. Auch im Hintergrund laufende Fernseher wirken manchmal wie Magie auf kleine Kinder. Dafür verantwortlich sind die schnellen Bildwechsel und die leuchtenden Farben, die eine starke Anziehungskraft ausüben. Auch davon ist abzuraten, ebenso wie von einer ständigen Berieselung mit Musik oder durch das Radio. Das Fazit ist damit klar: Entwicklungspsychologisch und bindungstheoretisch ist es nicht empfehlenswert, Kinder unter 4 Jahren Medien in irgendeiner Form nutzen zu lassen. Wie immer gibt es auch hier entsprechende Ausnahmen: Wenn die Großeltern in Australien leben und ein wenig mit ihrem Enkelkind videotelefonieren wollen, wird das Kind davon keine schweren Störungen davontragen. Kinder in diesem Alter lernen viel durch Wiederholung, was der Grund ist, warum zum Leidwesen vieler Eltern Lieder bei der Autofahrt manchmal fünf Mal hintereinander angehört werden müssen. Digitale Medien bieten auch das meistens nicht. Um die Faszination zu behalten, arbeiten digitale Medien sehr viel mit Abwechslung und sprunghaften Veränderungen von Farben und Geräuschen. Lerntheoretisch ist dies nicht empfehlenswert. Es trägt auch nicht zur Beruhigung von kleinen Kindern bei, sondern kann das Erregungslevel deutlich steigern.

Im Alter von 4 – 6 Jahren ist die Empfehlung, dass Kinder Medien maximal 30 Minuten pro Tag nutzen. Auf die Schwierigkeiten bei der Messung wurde bereits hingewiesen. Viel wichtiger aber – und diese Empfehlung zieht sich durch die nächsten Seiten und das ganze Buch – ist, dass Kinder bei der Mediennutzung gut begleitet werden. Wenn ein 5-jähriges Kind 40 Minuten fernsieht, wird es davon nicht schwer erkranken. Begleitete Mediennutzung meint, dass Sie Medien gemeinsam mit Ihrem Kind konsumieren. In diesem Alter ist auch wichtig, dass eventuelle Medien durch Sie vorausgewählt werden.

Angenommen, das Kind interessiert sich plötzlich sehr für Oktopusse, dann ist das ein Moment, wo Sie auf YouTube eine spannende, kindgerechte Doku über Oktopusse suchen und diese dann gemeinsam mit Ihrem Kind ansehen können. Das gemeinsame Ansehen ist der wichtigste Punkt. Hier lernen Kinder schon früh, dass Medien etwas Spannendes und Besonderes sind und gemeinsam konsumiert werden. Sie sind dann nicht Mittel zur Ablenkung oder etwas, was immer alleine genutzt wird, sondern ein gemeinsamer Tagespunkt, über den vorher, währenddessen und nachher viel gesprochen werden kann. Sie können Ihr Kind fragen, was es sehen möchte, Sie können während der Sendung gemeinsam mit Ihrem Kind lachen und Sie können nachher fragen, wie es das Video gefunden hat. Sie sind mit Ihrem Kind stets im Austausch. Damit steuern Sie, was konsumiert wird, haben einen Überblick und zeigen dem Kind, dass über Erlebtes gesprochen werden kann und der Austausch viel wichtiger ist als der Inhalt. Ein weiterer Punkt, der eindeutig für eine begleitete Nutzung spricht, ist, dass Kinder sich in diesem Alter noch nicht sicher alleine im Internet bewegen können und die Gefahr, über unpassende Inhalte unabsichtlich zu stolpern, sehr hoch ist. Auch das können Sie durch eine gute Begleitung größtenteils verhindern.

Im Alter von 6–10 Jahren ist die Empfehlung, dass Kinder digitale Medien maximal 60 Minuten pro Tag nutzen. Diese Empfehlung zeigt sich im Alltag oft als sehr knapp bemessen. In diesem Alter kommt bei vielen Kindern erste Computernutzung im Rahmen der Schule dazu, manche Volksschulen geben bereits E-Homework, die am Computer zu erledigen ist. Somit können auch die 60 Minuten nur ein Richtwert sein. Natürlich dauern Kinofilme meist länger als 60 Minuten, sind aber selbstverständlich kein Problem. Eine durchgehende Nutzung von digitalen Medien über mehrere Stunden jeden Tag wiederum kann durchaus problematisch werden, vor allem wenn es an anderen spannenden Freizeitalternativen fehlt. Bei der Mediennutzung ist es die Qualität der Begleitung, auf die es ankommt: Kinder in diesem Alter können oftmals Smartphones schon ein wenig bedienen und finden sich beispielsweise in der YouTube-App zurecht. Hierzu gibt es eine eigene Version von YouTube für Kinder, zu finden unter dem Namen »YouTube Kids«. Als Eltern können Sie Nutzungszeiten und Videofilter für Ihre Kinder einstellen. Ein 8-jähriges Kind kann eventuell schon selbst eine kleine Doku über Oktopusse finden. Dennoch braucht es auch hier noch eine enge Begleitung und ein gemeinsames Nutzen. Auf YouTube finden sich Millionen Videos, die für Kinder nicht geeignet, aber dennoch schnell auffindbar sind. Für Kinder beginnt in diesem Alter auch oft die Zeit, in der sie selbst beginnen, das Internet zu entdecken. Spätestens jetzt ist der Zeitpunkt für einen gemeinsamen Medienvertrag gekommen, um die Rahmenbedingungen für die Internetnutzung für alle Beteiligten klarzustellen.

Ab 10 Jahren wird es zunehmend schwierig, Empfehlungen zu Nutzungszeiten abzugeben. 30 Minuten werden beinahe immer zu wenig sein, sechs Stunden pro Tag oft zu viel. Gerade ab dem Alter von 10 Jahren kommt es sehr stark auf die Kinder und Jugendlichen selbst an. Manche finden neue Medien nicht so spannend und lösen sich selbst davon, andere könnten auch zwölf Stunden ohne Unterbrechung YouTube schauen. Wenn Kinder über 10 Jahren das Internet nutzen, um Hausübung zu machen, mit Freundinnen und Freunden zu kommunizieren oder Informationen zu recherchieren, wird nichts dagegensprechen, sie auch ein wenig mehr Zeit vor dem Gerät verbringen zu lassen. Ähnlich ist es manchmal am Wochenende oder in den Schulferien. Wichtiger als die genauen Nutzungszeiten sind klare Absprachen in der Familie, wie viel Zeit vor den Geräten in Ordnung ist. Das schafft Transparenz für die Kinder und Jugendlichen, aber auch für Sie als Eltern. Ein Medienvertrag kann das entsprechend festhalten. Vergessen Sie nicht: Irgendwann sind die Kinder keine Kinder mehr, sondern Jugendliche und dann auch bald junge Erwachsene. Spätestens dann müssen sie den Medienkonsum selbst steuern können. Insofern lieber die Nutzungszeiten ein wenig großzügiger gestalten und die Kinder beim Abschalten unterstützen. Bieten Sie spannende Alternativen, machen Sie einen medienfreien Samstag oder medienfreie Familienausflüge. Spielen Sie gemeinsam Videospiele. Eine steigende Faszination durch die digitale Welt ist in diesem Alter vollkommen normal und entspricht der aktuellen gesellschaftlichen Entwicklung. Es ist die Qualität der Alternativen, auf die es ankommt.

Wenn Sie sich Sorgen um die Nutzungszeiten machen, sagen Sie Ihrem Kind das direkt und ehrlich. Sie haben ein Recht auf Ihre Sorge, Ihr Kind hat das Recht, dies zu wissen und entsprechend zu antworten. Hören Sie gut auf die Antworten des Kindes; manchmal machen wir uns als Eltern auch zu viele Sorgen. Gerade Kinder, die älter als 10 Jahre sind, gehen zunehmend selbstständig in die Welt und machen neue, eigene Erfahrungen. Sie beginnen, ihr Schiff selbst zu steuern, wir als Eltern stehen zwar immer beratend (und notfalls auch korrigierend) zur Seite, Erfahrungen kann man aber nur selbst machen. Auch wenn Sie die digitale Welt nicht vollständig in der Hand haben, haben Sie doch Ihre Familienwelt in der Hand. Die Familie kann der sichere Hafen sein, von dem aus Kinder und Jugendliche sich ausprobieren dürfen, wohin sie aber auch immer zurückkommen können.

Eine klare Haltung in Sachen Nutzungszeiten ist absolut sinnvoll und bietet sowohl Ihnen als auch Ihren Kindern Halt. Die Antwort ist leider nicht immer in Minuten oder Stunden zu geben, schon gar nicht als pauschale Empfehlung. Suchen Sie das Gespräch mit Partnerin oder Partner, mit Freundinnen und Freunden und vor allem mit den Kindern und Jugendlichen selbst. Damit gelingt es, eine für jede Familie passende Lösung zu finden.

Und wie viel ist dann zu viel? Immer wieder gibt es in Familien die Sorge, dass Kinder smartphone- oder internetsüchtig sein könnten. Tatsächlich ist diese Form der Sucht nicht nur in der Wissenschaft umstritten, sondern auch selten anzutreffen. Sollte jedoch tatsächlich ein stark missbräuchliches Verhalten vorliegen, ist es durchaus ratsam, sich als Familie Hilfe zu holen. Falls mehrere der folgenden Kriterien zutreffen, könnte professionelle Hilfe wichtig sein:

- Digitale Medien sind die einzige Form der Freizeitbeschäftigung.
- Soziale Kontakte werden vernachlässigt, um digitale Medien zu nutzen.
- Kinder / Jugendliche haben das Gefühl, die Kontrolle über den eigenen Medienkonsum verloren zu haben, und können diesen nicht mehr selbst steuern. Abschalten wird fast unmöglich.
- Wenn einige Zeit keine digitalen Medien genutzt werden, kommt es zu Entzugserscheinungen wie Nervosität, Gedankenkreisen, emotionalen Ausbrüchen oder aggressivem Verhalten.
- Digitale Medien werden auch heimlich genutzt, das Verhalten wird verschwiegen oder es wird diesbezüglich gelogen.

- Kinder / Jugendliche erleben einen Leidensdruck aufgrund der übermäßigen Mediennutzung. Digitale Medien haben viel von ihrem lustvollen Genuss verloren.
- Dies sind einige Warnzeichen, auf die Sie bei Ihren Kindern achten können. Erst wenn mehrere zutreffen, sollte in Richtung Sucht oder Missbrauch gedacht werden.

Sehr viel häufiger gibt es einen gewissen Probierkonsum, der auch manchmal große Ausmaße annehmen kann. Dies ist ein wenig mit den ersten Fortgeherfahrungen vieler Jugendlicher vergleichbar. Das abendliche Ausgehen hat oft anfangs eine große Faszination; viele Jugendliche gehen einige Jahre mehrmals pro Woche aus. Mit der Zeit lässt dieses Verhalten (und der damit manchmal verbundene ausufernde Alkoholkonsum) aber nach. Es ergibt sich dann ein Rhythmus, der mit dem eigenen Leben kompatibel ist. Dennoch würden wir bei diesen Jugendlichen nicht gleich sagen, dass sie alkoholsüchtig sind. Aber wir werden die Augen offenhalten, ihren Konsum kritisch mit ihnen besprechen und unsere Haltung dazu klar machen.

Internetsucht ist nach wie vor glücklicherweise ein seltenes Phänomen, trotz der Anziehungskraft und der Möglichkeiten des Internets. Häufig steckt hinter einer Sucht auch ein ausweichendes Verhalten. Wer in der Klasse gemobbt wird und viele negative Erfahrungen macht, kann im Internet oft sehr positive und belebende Erfahrungen machen. Das Internet ist genauso ein Ort der Selbstheilung und Unterstützung, wie es ein Ort des problematischen Konsums ist. Auch diesbezüglich gilt es, die Augen offenzuhalten und das Verhalten als das zu würdigen, was es ist: ein Selbstheilungsversuch auf einer neuen Ebene.

DIGITALISIERTE GEWALT

Zum Glück passieren in der digitalen Welt nur selten wirklich schlimme Dinge. Es bietet sich der Vergleich mit dem Spielplatz an. Immer wieder fallen Kinder hin, erschrecken sich oder schlagen sich ihre Knie auf. Ein Rettungseinsatz ist nur selten erforderlich, es gibt aber auch Situationen und Unfälle, wo wirklich Schlimmes passiert. Im Folgenden sind drei der häufigsten Situationen im Kontext neuer Medien erklärt, mit Informationen und ersten Ideen, was Sie als Eltern tun können.

Cybermobbing

Die internationale Forschung zu Cybermobbing zeigt, dass wirkliche Cybermobbing-Vorfälle selten sind. Sie gehören jedoch mit zu den für die Opfer folgenreichsten Vorfällen. Zahlreiche Cybermobbing-Opfer benötigen professionelle Unterstützung, um mit der schwierigen Situation fertig zu werden.

Leider wird in letzter Zeit der Begriff Mobbing häufig inflationär verwendet. Mobbing bedeutet nicht, dass zwei Kinder streiten oder eine Arbeitskollegin oder ein Arbeitskollege böse auf mich ist. Mobbing ist ein Verhalten, dass über längere Zeit stattfindet und als Ziel die Zerstörung, Kränkung, Beleidigung oder auch das Vertreiben einer Person hat. Eine einmalige Nachricht auf WhatsApp hat zwar viel Verletzungspotential, ist aber noch kein Fall von Cybermobbing.

Bei Cybermobbing werden meistens von einer oder mehreren Personen hunderte oder tausende Nachrichten geschickt, Fake-Profile auf Social Media Plattformen angelegt oder beleidigende Bilder und Videos gepostet. Das besonders Schlimme an Cybermobbing ist, dass es nicht, wie das »herkömmliche«

Mobbing, mit dem Arbeitstag endet, sondern online ständig stattfinden kann. Nachrichten treffen spätabends ein oder gleich in der Früh, während dem Unterricht oder am Nachmittag beim Sport. Manche Kinder und Jugendliche entwickeln regelrecht Angst, auf ihr Smartphone zu blicken. Bei Cybermobbing ist zusätzlich schwierig, dass die Grenze zwischen Mobbenden und gemobbter Person zunehmend verschwindet. Durch das Internet ist es auch für Opfer leichter geworden, sich mit Fake-Profilen und vielem mehr zu wehren. Während beim herkömmlichen Mobbing oft Hilflosigkeit gegen die Übermacht der anderen Personen entstand, kann in der digitalen Welt mit gleichen Mittel zurückgeschlagen werden.

Cybermobbing bleibt oft sehr lange Zeit geheim und passiert im Versteckten. Der Grund dafür liegt in der Machtdynamik von Mobbing. Cybermobbing macht einerseits Angst, andererseits wird von Anfang an schon gesagt, dass nur feige Personen zu Eltern oder Lehrerinnen und Lehrern gehen. Dadurch, dass Cybermobbing so versteckt passiert, kann es oft über sehr lange Zeit stattfinden.

Drei Gruppen sind in Cybermobbing involviert: Es gibt Täterinnen und Täter (manchmal nur eine Person, manchmal eine ganze Gruppe), ein oder mehrere Opfer und meist eine sehr große Gruppe an Personen, die schweigend zuschaut. Prävention bei Cybermobbing bedeutet also, dass Sie Ihrem Kind von Anfang an klar machen können, dass es immer zu Ihnen kommen kann, egal was passiert. Es ist okay, etwas zu sagen – man ist deswegen keine Verräterin oder Verräter. Wenn es gelingt, die Gruppe der schweigenden Zuschauerinnen und Zuschauer zu erreichen, können Cybermobbing-Vorfälle manchmal schon im Keim erstickt werden. Prävention bedeutet auch, dass uns und den Kindern und Jugendlichen klar sein muss, dass man Personen online genauso wenig fertigmachen darf wie offline.

Es gilt, den Kindern Mut zu machen, etwas zu sagen, falls sie selbst Opfer von Cybermobbing sind. Oft haben Kinder Angst vor der Reaktion ihrer Eltern. Sie fürchten sich davor, in der Klasse bloßgestellt zu werden oder dass ihnen ihr Smartphone weggenommen wird. Für Sie als Eltern ist es also wichtig, nicht zu stark zu reagieren, wenn Ihr Kind Ihnen von einem Cybermobbing-Vorfall erzählt. Bleiben Sie ruhig, sprechen Sie mit Ihrem Kind und versuchen Sie, die Situation möglichst genau zu verstehen. Alle nächsten Schritte, wie beispielsweise eine Kontaktaufnahme mit dem Klassenvorstand, sollten immer in Absprache mit dem Kind passieren. Gerade Mobbing geht mit einem Gefühl von Kontrollverlust einher. Wenn wir jetzt Kindern wieder die Kontrolle über die nächsten Schritte wegnehmen oder ihnen gar erklären, dass sie selbst schuld an der Situation sind, machen wir sie wieder zu Opfern. Wenn es gelingt, Kindern schon im Vorhinein zu erklären, dass es nicht zu einem solchen Verhalten kommen wird, bekommen sie oft den nötigen Mut, Eltern oder Lehrerinnen und Lehrern von Beobachtungen oder dem eigenen Leid zu erzählen.

Cybermobbing ist in Österreich auch entsprechend im Strafrecht verankert, kann also angezeigt werden. Der entsprechende Paragraph ist § 107c Strafgesetzbuch, unter www.lukaswagner.at/links finden Sie weiterführende Informationen zu Cybermobbing und Ihren rechtlichen Möglichkeiten.

In Deutschland existiert zum aktuellen Zeitpunkt kein direkter Straftatbestand für Cybermobbing. Es können jedoch u. a. folgende Gesetze greifen: § 185 Beleidigung, § 186 üble Nachrede, § 187 Verleumdung.

Unerlaubtes Weiterleiten von Nacktbildern

Das Empfangen und Versenden von Nacktbildern ist in den letzten Jahren Teil der Lebensrealität von Jugendlichen geworden. Was bei Kindern noch kein Thema ist, ist manchen Jugendlichen zwischen 14 und 18 Jahren also durchaus geläufig. Das bedeutet aber nicht, dass alle Jugendlichen Nacktbilder bekommen oder versenden. Die Gesetzgebung hat in Österreich auf diese neue Realität reagiert und eine entsprechende Ausnahme geschaffen: Wenn zwei Jugendliche, die zwischen 14 und 18 Jahren alt sind, sich im gegenseitigen Einverständnis Nacktbilder oder Videos voneinander schicken, ist dies gesetzlich nicht als Kinderpornografie zu verstehen. Diese Ausnahme ist wichtig, da Jugendliche mit 14 Jahren sexuell mündig sind. Zwei 16-Jährige durften zwar miteinander Sex haben, jedoch lange Zeit keine Bilder voneinander besitzen, selbst wenn sie diese Bilder beispielsweise im gegenseitigen Einverständnis getauscht hatten. Eine Anzeige durch die Polizei wegen dem Besitz von Kinderpornografie hätte die Folge sein können. Dies wurde im Jahr 2016 korrigiert. Die gesetzliche Lage ist zum aktuellen Zeitpunkt in Deutschland ähnlich. Das einvernehmliche Austauschen pornografischer Bilder zwischen Jugendlichen, die über 14 Jahre alt sind, wird strafrechtlich nicht verfolgt.

Leider passiert es aber auch, dass Nacktbilder oder Videos von einer Person ohne deren Einverständnis versandt oder getauscht werden. Ist die abgebildete Person zum Zeitpunkt der Aufnahme des Fotos oder des Videos unter 18 Jahren gewesen, ist das entsprechende Material eventuell Kinderpornografie. Kinderpornografie darf nicht hergestellt, getauscht, besessen oder verkauft werden.

Vorab ist wichtig: Die Person auf dem Foto hat nichts falsch gemacht. Diejenigen, die ohne Erlaubnis Aufnahmen weiterschicken, jedoch schon. Ähnlich wie beim Cybermobbing ist es wieder wichtig, das Opfer nicht für die Tat verantwortlich zu machen. Wenn Jugendliche sich in dieser Form ablichten wollen, ist es ihre Entscheidung. Wir können diese Entscheidung aufgrund unseres Wertesystems gut oder schlecht finden, aber wir können die Opfer nicht auch noch für die Tat verantwortlich machen. Niemand ist schuld daran, dass ihr oder ihm eine Straftat angetan wird. Die Schuld liegt auf der Seite der Täterinnen und Täter.

Sollte Ihnen ein solcher Fall bekannt werden, weil beispielsweise Ihr Kind davon erzählt oder selbst involviert ist, ist es wieder wichtig, zuerst gut zuzuhören und Ruhe zu bewahren. Informieren Sie die betroffene Person über alle nächsten Schritte und nehmen Sie nicht gleich in einer Panikreaktion mit allen Personen Kontakt auf, die das Bild möglicherweise haben könnten. Sobald Sie einen guten Überblick über die Situation haben, können Sie nächste Schritte setzen. Sollte das Bild oder Video an der Schule die Runde machen, empfiehlt es sich, die Direktion zu informieren. In einem nächsten Schritt können Sie mit Personen Kontakt aufnehmen, die das Bild besitzen, und diese klar und bestimmt darauf hinweisen, dass sie im Besitz von Kinderpornografie sind und eine Anzeige bei der Polizei jederzeit möglich ist. Es geht hier nicht darum, gleich mit rechtlichen Schritten zu drohen, sondern Klarheit zu schaffen und den Personen eine Gelegenheit zu geben, das Material zu löschen und den Fehler zuzugeben. Oft braucht es anschließend für die betroffenen Jugendlichen dennoch Unterstützung, um das Erlebte aufzuarbeiten. Ebenso hilft ein professionelles Aufarbeiten in der Schule bzw. im Klassenverband.

Sie finden weitere Links und Unterstützung zum Thema Sexting und Nacktbilder unter www.lukas-wagner.at/links.

Cyber-Grooming

Cyber-Grooming meint das Anbahnen von sexuellen Kontakten mit Minderjährigen über das Internet. Cyber-Grooming ist in Österreich und Deutschland strafbar und kann somit bei der Polizei angezeigt werden. Cyber-Grooming findet sich in Österreich seit 2012 im Strafgesetzbuch als § 208a, in Deutschland unter § 176 StGB. Cyber-Grooming ist nicht, wenn zwei 15-Jährige online flirten. Es geht hierbei um die gezielte Kontaktaufnahme zu Minderjährigen, um an ihnen strafbare Handlungen wie sexuellen Missbrauch, Herstellung pornografischen Materials oder Vergewaltigung durchzuführen.

Cyber-Grooming passiert oft über Chats in Computerspielen oder auf Social Media-Plattformen. Die Opfer werden hier meist gezielt ausgewählt, und es wird von den Täterinnen und Tätern über längere Zeit an einer Beziehung gearbeitet. Diese bekommt meist von Anfang an einen gewissen Geheimnischarakter, weil immer ein Hauch des Verbotenen dabei ist. Täterinnen und Täter erschaffen diese Geheimnisse ganz bewusst, damit Kinder und Jugendliche nicht mit ihren Eltern über das Erlebte sprechen.

Prävention bedeutet, dass Kinder wissen müssen, dass manchmal Personen mit ihnen Kontakt aufnehmen, um sie zu etwas zu überreden, beispielsweise einem Treffen oder dem Zusenden von Nacktbildern. Wenn Kinder von Anfang an wissen, dass sie nicht nur Nein sagen, sondern auch immer ohne Angst vor Konsequenzen mit ihren Eltern sprechen dürfen, können viele Fälle von Cyber-Grooming verhindert werden. Dazu müssen Sie ihrem Kind Mut machen, über das Erlebte zu sprechen, und gleichzeitig verdeutlichen, dass Sie niemals böse reagieren oder gar Strafen aussprechen werden.

Wenn doch etwas passiert, empfiehlt sich der Weg zur Polizei und weitere externe Unterstützung, um die Erlebnisse zu verarbeiten. Informationen hierzu finden Sie unter www.lukaswagner.at/links.

Auch wenn das Internet allgegenwärtig ist, passieren glücklicherweise wirklich schlimme Vorfälle verhältnismäßig selten. Dennoch zieht es sich wie ein roter Faden durch die eben beschriebenen Vorfälle: Kinder und Jugendliche brauchen zuerst Unterstützung und Vertrauen, sie brauchen Bezugspersonen, die ihnen Mut machen, schwierige Erlebnisse oder Situationen anzusprechen, ohne Angst haben zu müssen. Wenn doch etwas passiert ist, brauchen sie Eltern, die ihnen zuhören und sie unterstützen und nicht überreagieren und Strafen aussprechen. Es ist wichtig, einen kühlen Kopf zu bewahren, mit den Kindern und Jugendlichen transparent umzugehen und erst mit viel Überlegung nächste Schritte zu setzen.

Und wie geht's weiter?

Für viele Menschen war es vor 150 Jahren undenkbar, dass die Pferdekutsche eine Übergangstechnologie ist. Es gab vielleicht Fantasien von Kutschen, die selbstständig fahren konnten, Realität waren diese aber noch nicht. Wenn wir einen Blick auf die aktuellen Science-Fiction-Filme werfen, sehen wir Ideen, wie Technologie in Zukunft aussehen kann. Schon in den 70ern hat die Serie »Star Trek« den Communicator gezeigt. Anfang der 2000er-Jahre waren das schließlich Aufklapphandys. Wenn Sie sich Filme aus 2005 oder 2006 ansehen, werden Sie sehen, dass es dort zwar bereits vereinzelt Mobiltelefone gab, aber noch keine Smartphones. In Filmen um 2010 kommen diese bereits vor, aus aktuellen Filmen sind sie nicht wegzudenken.

Dennoch ist auch das Smartphone eine Übergangstechnologie. Diese Geräte haben in knapp über 10 Jahren große Teile der Welt vollkommen verändert. Was werden also erst die nächsten 10 Jahre bringen? Eine solche Vorhersage hat wohl immer den Charakter eines Blicks in die magische Kristallkugel. Niemand kann die Zukunft oder kommende Innovationen mit sehr hoher Sicherheit vorhersagen. Was also die Smartphones ablösen wird, ist nicht mit Sicherheit feststellbar, auch wenn sich erste Trends hervortun.

In meinen Augen hat Technologie immer eine Tendenz, näher zum Menschen, zum Körper, zu wandern. Wie schon im Kapitel »Naturalisierung von Technik« angeführt, sind auch neue

Technologien irgendwann nicht mehr neu, sondern selbstverständlich.Wir steigern uns vom Vierteltelefon zum eigenen Anschluss, vom ersten Mobiltelefon hin zum Smartphone. Die Technologie kommt uns näher und wird stärker mit unserem Alltag verbunden. Jetzt tragen wir eine Smartwatch und in einigen Jahren vielleicht smarte Kontaktlinsen. Damit ist die Technik wieder einen Schritt näher zum Menschen gerückt.

Für uns alle ist das Auto vielleicht hier ein gutes Gedankenspiel. Heutzutage lohnt es sich, nur noch als sehr spezielles Hobby das Kutschenfahren zu lernen. Ist es undenkbar, dass unsere Kinder oder Enkelkinder eines Tages keinen Führerschein für das Auto mehr machen müssen? Wenn Autos automatisch fahren können, wozu soll ein Führerschein dann notwendig sein? Selbstfahrende Autos müssen dafür nicht perfekt fahren können – nur besser als durchschnittliche Menschen. Die gesellschaftlichen Grundregeln aber bleiben gleich, egal ob Pferdekutsche oder selbstfahrendes Auto: Fahrlässig jemanden zu verletzen, ist nicht erlaubt. Es gelten Geschwindigkeitslimits. Fortbewegung bedeutet Verantwortung. Die Technologie mag sich ändern und oftmals nicht vorhersagbar sein, gesellschaftliche Konventionen aber bleiben relativ stabil.

Gerade die Unvorhersagbarkeit führt dazu, dass wir verstärkt an unserer Haltung arbeiten müssen. Die Fragen bleiben dieselben: Wollen wir das? Um welchen Preis? Nicht nur, weil etwas möglich ist, ist es auch automatisch gut oder richtig. Ein Beispiel aus dem Familienalltag: Zunehmend ziehen smarte Assistenten in die Häuser ein. Siri, Cortana oder Alexa sind hier nur drei Beispiele. Auf Zuruf spielen sie Musik, drehen das Licht ab oder berichten uns vom morgigen Wetter. Abgesehen von der Genderfrage (alle großen Assistenzsysteme tragen Frauennamen, die Mathematiksuchmaschine heißt aber Wolfram Alpha) brauchen diese Systeme kein Bitte und Danke, um zu funktionieren. Wir können sie wüst beschimpfen und sie werden uns dennoch bei der nächsten Anfrage höflich begegnen. Jede Interaktion formt uns, egal ob mit Menschen oder Maschinen. Bei Alexa gibt es bereits einen eigenen Kindermodus, der es notwendig macht, vor den Anfragen »Bitte« zu sagen. Jede Anfrage, die wir ohne Bitte und Danke stellen und die widerspruchslos erfüllt wird, stärkt uns in dem Gedanken, dass ein Bitte und ein Danke vielleicht gar nicht notwendig sind.

Auch wenn durch den schnellen technologischen Wandel manchmal ein Gefühl von Machtlosigkeit entstehen kann, bleibt uns die Freiheit, Technologien zu nutzen, mitzugestalten und neue Ideen auf Kompatibilität mit unserer eigenen Haltung zu prüfen. Wir sind nicht machtlos. Und immerhin eines ist nach wie vor möglich: Alle Geräte lassen sich von uns abschalten.

Unsere Kinder und Jugendlichen sind die zukünftigen Generationen, die Technologie formen, nutzen und erschaffen werden. Sie sind es, denen wir den Weg ebnen und die wir in eine solche neue Welt begleiten müssen. Dieses Begleiten beginnt bei unserer eigenen Nutzung, unserer Neugier und unserer Haltung. Wenn wir uns von unseren Kindern überraschen lassen, ihnen zutrauen, die digitale Welt zu entdecken, und in ihr groß werden zu können, werden sie wunderbare Dinge schaffen. Es ist an uns als Eltern, offen und liebevoll zu bleiben, uns immer wieder etwas erklären zu lassen, was wir nicht verstehen, und anzuerkennen, dass unsere Kinder schon längst Teil dieser digitalen Lebenswelten sind.

In der Welt der Kinder waren Erwachsene immer nur zu Gast. Gäste lädt man ein, weil man sie mag und weil sie freundlich sind, weil sie unser Leben erweitern und uns Neues zeigen. Gäste schauen aber auch manchmal, ob der Ofen abgedreht ist.

Manchmal streiten wir mit unseren Gästen und vertragen uns dann wieder mit ihnen. Verantwortungsvolle Gäste rufen auch mal die Feuerwehr, falls das Haus zu brennen droht.

Wenn wir Verantwortung übernehmen und mitgestalten, offen und liebevoll sind, unser Verhalten reflektieren und unseren Kindern neugierig begegnen, werden wir auch stets aufs Neue eingeladen. Dann kann es gelingen, Kinder und Jugendliche in eine digitale Welt zu begleiten.

EINE ANMERKUNG ZU LINKS, APPS UND VERWEISEN IM INTERNET

Um alle in diesem Buch angeführten Verweise auf Internetquellen immer aktuell zu halten, finden Sie diese gesammelt unter www.lukas-wagner.at/links. Alle im Buch erwähnten Apps und Tools sind dort angeführt. Dies erspart auch das Abdrucken von überlangen Internetadressen.